고용면접의 구조와 과정

황 규 대 저

도서출판 오 래

머 리 말

면접은 한 인간이 다른 사람으로부터 정보를 얻는 가장 오래된 방법이다. 실제로 우리는 다른 사람으로부터 정보를 얻기 위해 의식적으로든 무의식적으로든 면접을 사용하고 있다. 보통 우리가 사용하는 면접은 즉흥적이고 비구조화되어 있으며 얼굴을 맞대고 이야기하는 식이다.

사기업, 공기업 그리고 정부기관을 망라하고 채용시 면접을 실시하지 않는 조직은 거의 없다. 다만 반어적인 것은 훌륭한 지원자를 선발하는 데 비구조적으로 지원자와 면접자가 얼굴을 맞대고 행하는 면접이 비효과적이라는 사실에도 불구하고 대부분의 조직이 즉흥적이고 비구조적인 면접을 실시하고 있다는 것이다. 또한 가중지원서나 지필검사 등과 같은 다른 선발기법에 비해 예측력이 떨어짐에도 불구하고 대부분의 조직은 비용과 시간이 많이 드는 면접을 선호하고 있다는 것이다. 그러므로 우리는 면접이 훌륭한 조직 구성원을 선발하는 데 기여할 수 있도록 어떻게 면접의 예측력을 높일 수 있는가에 관심을 가져왔다.

인류역사상 면접이 오랫동안 활용되었음에도 불구하고 면접에 대한 연구가 체계적으로 실시된 것은 20세기에 들어와서부터이다. 그러나 다른 연구주제에 비해 관심을 많이 끌어 수많은 연구논문들이 발표되어 고용면접에 대한 우리들의 지식을 발전시켜 왔다. 특히, 면접 전 인상의 영향, 면접의 구조화 방법, 면접자-지원자간 상호작용, 지원자의 인상관리전략, 면접 상황적 변수들, 그리고 이들이 복합적으로 면접자의 정보처리에 어떻게 영향을 미치는가 등에 대해 상당한 연구가 진전되었다. 그러나 면접에 대한 연구는 단편적이어서 면접 전반에 관한 통합적 이론은 아직 제시되고 있지 않다. 현실적으로는 면접에 대한 연구와 면접실무 사이에는 상당한 괴리가 존재하고 있다. 면접에 대한 일반의 관심을 반영하듯이 시중에는 면접에 관한 책이 다수 존재한다. 그러나 이러한 책들은 실무자의 경험이나 직관에 의해 쓰여진 것이 많으므로 면접에 대한 과학적 연구결과들을 반영하지 못하고 있을 뿐만 아니라 자칫 잘못하면 독자를 잘못된 길로 호도할 수 있다.

본서의 목적은 첫째, 기존의 연구노력들을 서로 보완하여 통합하는 시발점을 제공하고자 하며, 둘째, 고용면접에 대해 새로운 연구방향의 정립을 자극하며, 그리고 셋째는 고용면접의 효과성을 향상시키기 위해 연구결과를 어떻게 면접실무에 활용할지를 제시하는 데 있다. 따라서 본서는 연구자와 대학원생에게 고용면접 기본자료를 제공하며, 인적자원 실무자나 면접자에게는 고용면접의 절차와 정책을 체계적으로 향상시킬 수 있는 실무지침서로의 역할을 하고자 한다.

어떤 저작물도 저자 혼자만의 산물인 경우는 거의 없다. 이 책도 예외는 아니며 이 책의 발간에 직간접적으로 도움을 준 많은 사람들에게 감사를 드리고 싶다. 먼저, 면접에 관한 많은 연구논문들이 없었다면 이 책은 세상에 나올 수가 없었을 것이다. 그들의 기여는 참고문헌에 소개되었지만 지면을 빌려 다시한번 그들의 학문적 노력에 감사를 드린다. 본문 작성과 자료 정리에 있어서 유석인 박사, 이동진 박사, 그리고 성균관대학교 박사과정의 백상현, 권기혁, 박태수, 표민호 등의 헌신적인 노력에 감사를 드린다. 마지막으로 흔쾌히 출판을 맡아주신 황인욱 사장과 편집 및 제작에 관여해 주신 여러분께 감사를 드린다.

본서의 특징

다양한 이론 및 연구결과들 그리고 실무적 제언을 어떻게 이해하기 쉽게 함축적으로 전달할 것인가에 고심하였다. 따라서 본서는 기본적으로 '요리의 처방' 방식을 원용하여 단계적으로 기술하기로 하였다. 이를 위하여 먼저 전체 모형을 제시한 후 각 모형의 요소별로 자세히 설명하는 방식을 채택하였다. 즉, 각 장마다 주제의 의의와 중요성, 모형의 제시, 전체 모형의 각 요소에 대한 설명 및 이론적 연구, 실무에의 적용순으로 작성하고자 하였으며 정보를 효과적으로 전달하기 위해 많은 박스와 아이콘을 사용하였다.

차 례

제1장 고용면접이란 무엇인가

제2장 면접에 있어서 차별

제9장 통 합: 이론에서 실무로

제 1 장

고용면접이란 무엇인가

제 1 장 고용면접이란 무엇인가

제 1 절 고용면접의 정의와 의의

1. 고용면접의 정의들

면접은 한 인간이 다른 인간으로부터 정보를 수집하는 수단이다. 따라서 면접은 뉴스작성을 위한 기자와의 면담, 법적인 심문, 심리상담, 사회과학에서 연구정보수집 등 사회에서 광범위하게 활용되고 있다. 인적자원관리에 있어서도 지원자에 대한 정보를 수집하기 위한 채용면접, 직무를 분석하기 위한 직무담당자와의 직무면접, 인사평가를 위한 평가자와 피평가자 사이의 고과면접, 고충처리를 위한 관리자와 부하 사이의 고충면접 등 광범위하게 사용되고 있다.

〈표 1-1〉 사회에 있어서 면접의 활용예

1. 대중매체 기자와의 면담
2. 법적인 심문 또는 변호사와의 면담
3. 심리상담면담
4. 정치적 의견 조사를 위한 면담
5. 부모와의 면담
6. 사회과학에서 연구조사를 위한 연구자와의 면담
7. 조직 내에서의 다양한 면담

면접에 대한 공통적 특성과 과정이 존재할 수 있겠지만 본서에서는 조직이 지원자를 유인하고 평가하기 위한 고용면접(employment interview)에 초점을 맞추기로 한다. 면접은 현재 가장 널리 사용되는 선발도구로서 사기업, 공기업, 그리고 정부기관을 망라하여 채용시 면접을 실시하지 않는 조직은 거의 없다. 조직은 자신의 필요에 맞게 다양한 형태의 면접을 개발하여 사용하고 있으며, 면접의 질문 내용과 과정은 천차만별이다. 면접의 길이도 개별 면접당 짧게는 5분, 길게는 한두 시간씩 다양하다. 고용면접은 다양하게 정의될 수 있으나 여기서는 크게 인적자원 측면에서의 정의와 면접자-지원자 상호작용 측면으로 분류하여 논의하기로 한다.

1) 인적자원관리 맥락에서의 정의

Eder, Kacmar와 Harris(1999)의 정의

> 유능하고 생산적인 인력을 모집, 선발 그리고 유지하기 위해 면접자가 지원자의 직무관련 KSA*(지식, 스킬, 능력), 동기, 가치관 및 신뢰성을 확인하는 면접자와 지원자 사이의 정보교환과정

* KSA: Knowledge(지식), Skill(스킬), Ability(능력)을 나타내는 용어. 통상 KSAOs(Knowledge, Skill, Ability, Other Characteristics)로 쓰기도 한다. 여기서 Other Characteristics는 동기, 가치관, 태도 등을 의미한다.

Cronshaw와 Wiesner(1988)의 정의

> 직무성과, 훈련성공, 승진 및 근속 등과 같은 중요한 직무관련 준거를 예측하기 위하여 지원자의 지식, 스킬, 능력 및 행동을 평가할 목적으로 면접자와 지원자간 제한된 기간 동안의 인간관계적 상호작용

이상의 정의는 다음과 같은 의미를 함축하고 있다.

(1) 고용면접(employment interview)은 유능하고 생산적인 인력을 모집, 선발, 그리고 유지하는 조직의 충원과정(staffing process)의 일환으로 실시되고 있다. 즉, 고용면접은 조직의 충원필요성을 충족하기 위한 하나의 선발도구(selection tool)이다.

(2) 다른 선발도구(예를 들면, 지필검사, 지원서, 작업표본검사 등)와 마찬가지로, 고용면접은 충원하여야 할 직위와 관련된 지원자의 특성(즉, 지식, 스킬, 능력, 동기 및 해당 직무에 대한 관심 등)을 추론하기 위한 수단이다.

(3) 면접자와 지원자 사이의 정보교환과정에서 면접자의 정보처리능력의 한계와 직무와 관련이 없는 편향(bias)이 개입될 수 있다. 이런 점이 표준화된 선발도구(예를 들면, 지필검사)에 비해 약점으로 작용하고 있으나 이런 약점을 보완하고자 최근에는 면접의 구조화에 대한 논의가 활발하게 진행되고 있다.

(4) 이전에는 면접의 특징으로 면대면(面對面)을 강조하였으나 최근에는 정보기술의 발달로 전화, 원격화상으로도 정보교환이 이루어질 수 있다.

2) 상호작용 측면에서의 정의

Poole과 DeSanctis(1990)의 정의

> 면접자와 지원자 사이에 상호과정 결과로 형성된 신념과 관찰 가능한 관계로 구성된 동태적 사회시스템

위 정의는 다음과 같은 의미를 함축하고 있다.

(1) 면접이 실제로 사회에 있어서 널리 활용되고 있어 하나의 사회시스템으로 간주될 수 있다.

(2) 면접 후에 면접자와 지원자 모두 면접 후 인상(postinterview impression)을 형성한다.

(3) 면접구조(예를 들면, 대화규칙, 사전에 계획된 구조화된 질문 등)는 면접자와 지원자 사이의 상호작용을 촉진하거나 제한한다.

(4) 면접자와 지원자는 이런 면접구조를 실행함으로써 면접시스템을 형성한다.

(5) 따라서 새로 형성된 상호작용구조는 면접자와 지원자 사이의 상호작용의 매개체이자 산물이다. 다시 말하면 면접자와 지원자의 상호작용은 사전에 설정된 면접과정에 의해 영향을 받지만, 반대로 면접자와 지원자는 능동적으로 사전에 설정된 면접과정을 변형시킬 수 있다.

2. 고용면접의 유형

고용면접은 조직의 전반적인 충원과정(staffing process) 중 언제 실시되느냐에 따라 모집(recruitment)면접, 선별(screening)면접, 선발(selection)면접 그리고 최종의사결정 면접으로 분류될 수 있다.

(1) 모집면접은 조직에서 근무할 의사와 역량이 있는 지원자를 모으는 과정으로 선발과정 초기에 조직의 대표(즉, 모집인(recruiter))에 의해 수행되며 일반적으로 선발면접보다 짧고 간편하다.

(2) 선별면접에서 회사는 지원자가 추후의 선발과정을 지속할 자격이 있는지를 결정한다. 선별면접은 선발과정의 초기에 실시되며 통상 짧고 지원자를 유인(즉, 모집)하는 기능도 수행하므로 모집

〈그림 1-1〉 충원과정에 있어서 면접의 활용

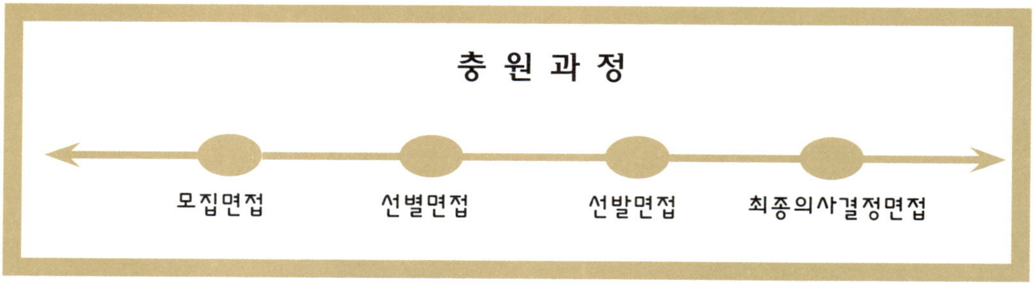

면접과 동시에 이루어지는 경우가 많다.

(3) 선발면접은 선별과정을 통과한 지원자들이 조직에 필요한 지식, 스킬, 능력, 업무동기, 가치관 등을 지니고 있는지를 확인하는 과정이다. 우리나라에서는 실무자들이 수행하는 역량면접과 CEO나 임원들이 행하는 인성면접으로 나누어 실시하기도 한다.

(4) 최종의사결정면접은 지원자에 관한 모든 정보(즉, 지원서, 시험성적, 선발면접성적 등)을 종합하여 합격 또는 불합격 여부를 결정하는 면접이다. 이 경우 통상 최고경영자가 참여하며 회사에 따라 최종선발면접을 실시하지 않을 수도 있다.

(5) 결론적으로 고용면접은 크게 모집면접과 선발면접으로 분류할 수 있다(Rynes, 1988).

3. 고용면접의 특성

고용면접은 상호 상이한 목적을 가지고 이루어짐에 따라 다음과 같은 특성을 보인다.

- 주관성
- 상호작용
- 단기간성
- 잠재적 갈등

(1) 주관성(subjectivity)　면접자는 주관적으로 지원자의 특성(즉, 기질, 스킬, 능력, 동기, 신뢰성 등)을 판단한다. 이 과정에서 면접자의 주관적 편향이 개입될 수 있다.

(2) 상호작용　면접자와 지원자 사이의 상호작용은 다른 선발도구들로부터 얻을 수 없는 독특한 정보를 얻을 수 있다. 그러나 상호작용 과정에는 면접자의 면접 전 인상(preinterview impression)이나 (Dipboye & Jackson, 1999) 지원자의 인상관리전략(impression management strategy) 등 다양한 요소가 개입될 여지가 있어 면접의 효과성을 저하시킬 수 있다.

(3) 단기간성　면접은 통상 15분부터 1시간 사이로 실시되고 있다. 따라서 비교적 짧은 시간내에 지원자는 자신을 효과적으로 표현하여야 하며 면접자는 합리적 의사결정을 내릴 수 있도록 지원자에 대한 정보를 최대한 수집하여야 한다.

(4) 잠재적 갈등　면접은 서로 다른 목적을 가진 모르는 사람들이 단기적으로 자신의 목적을 달성하기 위해 만나 이야기하는 사회적 시스템이다. 지원자는 일자리를 찾기 위해, 그리고 면접자는 지원자를 평가하기 위한 목적을 가지고 있다. 따라서 갈등이 표면화되지 않도록 면접은 면접자와 지원자 사이에 관계형성(rapport)[1]을 구축하는 것이 요구되고 있다.

---

1) 관계형성(rapport): 사람간 의사소통시 서로 마음이 통하거나 상대방의 입장을 충분히 이해한다고 느끼는 현상. '공감대'라고 번역할 수도 있음.

4. 고용면접 연구에 있어서 일반적 추세

면접에 관한 연구는 주로 미국에서 실시되어 왔고, 고용면접에 대한 연구주제가 변화해온 과정과 시기별 연구추세와 내용은 다음과 같다(Eder, Kacmar & Harris, 1999).[2]

(1) 초기연구 (1915-1939)

- 면접수행시 '해야할 일'과 '하지 말아야 할 일'을 식별하는 면접실시요령에 대한 연구.
- 면접자간 면접평가가 얼마나 일치하는가를 알아보는 면접자간 신뢰도(interrater reliability)[3] 연구.

(2) 전쟁시기 (1940-1949)

- 군대 지원자를 이용한 대규모 표본을 이용한 면접의 신뢰도 및 타당도 모색.
- 필기시험과 면접을 동시에 실시했을 때 면접의 증분타당도(incremental validity)[4]에 관한 연구.

(3) 면접과정의 동태성 탐색 (1950-1959)

- 상호작용분석(interaction process analysis), 장이론(field theory) 등을 이용하여 고용면접에 있어서 면접자와 피면접자 사이의 의사소통과 동태성 연구.
- 오디오 테이프를 이용하여 의사소통의 총 수, 면접자가

---

2) R. W. Eder, K. M. Kacmar, & G. R. Harris, "Employment Interview Research: Historical update and introduction," In R. W. Eder & G. E. Ferris(Eds.), *The Employment Interview Handbook*, Sage Inc., 1999.

3) 면접자간 신뢰도(interrater reliability): 면접자들의 판단이 일치하는 정도를 나타내며 측정의 일관성(consistency)을 측정하는 한 방법이다.

4) 증분타당도(incremental validity): 한 선발도구(예, 적성검사)에 새로운 선발도구(예, 면접)를 추가하였을 때 타당도가 증가하는 정도. 증분타당도가 없다면 새로운 선발도구를 추가할 필요가 없다.

〈그림 1-2〉 고용면접의 연구추세

이야기한 시간, 피면접자가 이야기한 시간, 지원자가 행한 질문의 수 등 상호작용유형 탐색.

(4) 의사결정자로서의 면접자 (1960-1969)

- 면접에 대한 다양한 연구집단(즉, Case Western Reserve University, McGill University 등)이 생겨나 의사결정 과정측면에서 면접을 연구하기 시작했다.
- 면접자는 '이상적 지원자'에 대한 고정관념(stereotype)[5]

[5] 고정관념(stereotype): 특정 인간이나 사물에 대해 많은 사람들이 공유하는 일반적 믿음이나 이미지. 고정관념이 강하다면 한 개인을 평가할 때 해당 개인의 특성보다는 그가 속한 집단의 성격에 의해 판단하는 경향을 가진다. 예를 들어, 여성 지원자를 면접할 때 개인의 특성보다는 여성이라는 일반적 관념에 의해 평가가 좌우된다면 고정관념이 판단에 영향을 주었다고 볼 수 있다.

을 형성하고 실제 지원자를 '이상적 지원자'에 비추어 평가한다는 사실을 밝혀냄.

- 제한된 시간과 정보로 인하여 복잡한 정보교환과 의사결정 과정으로 인하여 선발도구로서 면접의 예측성이 낮아질 수 있음을 보여줌.

(5) 제한된 정보처리자로서 면접자 (1970-1982)

- 제한된 합리성(bounded rationality),[6] 정보처리이론(information processing theory), 의사결정이론(decision-making theory) 등을 이용한 면접자의 의사결정과정의 특성탐색.
- 면접자는 다양한 간단한 방법을 이용하여 지원자에 대한 평가를 단순하게 처리한다는 것을 밝힘. 예를 들어 Dipboye(1982)는 면접자가 지원자의 이력서와 지원서류를 검토한 후 지원자에 대한 사전인상을 형성하며, 이렇게 사전에 형성된 인상이 면접과정과 의사결정에 영향을 준다는 사실을 밝혀내어 면접의 증분타당도(incremental validity)에 의문을 제기하였음.
- 1972년 평등고용기회법(Equal Employment Opportunity Act)에 근거하여 면접의 법적 책임, 즉 부당한 차별(unfair discrimination)방지 및 직무관련성(job-relatedness)강화에 대한 연구.

---

6) 제한된 합리성(bounded rationality): 개인들이 정보, 인지능력 그리고 시간들의 제약에 의해 합리성에 제한이 되는 현상

(6) 면접의 구조화 (1983-1989)

- 1972년 평등고용기회법[7]과 차별적 타(differentialvalidity)[8]와 타당도 일반화(validity generalization)[9]에 관한 관심으로 인해 면접의 타당도에 관한 지속적 관심.
- Meta분석[10]을 이용한 면접에 관한 계량적 리뷰(McDaniel et al., 1987; Wiener & Cronshow, 1988).
- 상황면접(situational interview)[11]이나 행위기술면접(behavior description interview)[12] 등과 같은 구조적 면접의 예측타당도에 관한 연구.
- 면접자와 피면접자 사이의 복잡하고 다차원적인 과정에 대한 이해 증가. Borman(1986)은 면접자가 직무와 관련된 정보를 처리하는데 방해가 되는 지원자의

---

7) 평등고용기회법(Equal Employment Opportunity Act): 인사의사결정(즉, 채용, 승진, 보상 등)에 있어서 차별을 금지시키기 위한 미국 연방법들.

8) 차별적 타당도(differential validity): 상황이 바뀌면 특정 선발도구의 타당도도 바뀐다는 주장. 이 경우 특정 직무와 선발도구의 타당도는 조직에 따라 달라질 수 있으므로 개별 조직들이 선발도구를 사용할 때 선발도구의 타당도 검증을 다시 실시하여야 한다.

9) 타당도 일반화(validity generalization): 특정 선발도구에 대한 일련의 연구에 의해 축적된 타당도에 대한 정보를 유사한 직무와 관련된 새로운 상황에서도 적용될 수 있다는 주장. 한 직무에서 수립된 직무와 선발도구의 타당도에 대한 정보는, 유사한 직무는 지닌 다른 조직에도 적용될 수 있으므로 새롭게 타당도 조사를 필요로 하지 않을 수 있다.

10) Meta 분석: 타당도와 관련된 여러 연구들의 결과를 계량적으로 통합하는 방법.

11) 상황면접(situational interview): 지원자에게 가상적 상황을 제시하고 지원자가 그 상황에서 어떻게 행동하겠는가를 묻는 면접방식. 상황면접은 지원자의 의도나 미래 행위에 대한 정보를 수집하고자 한다.

12) 행위기술면접(behavior description interview): 과거에 경험한 상황 속에서 지원자가 어떻게 행동했는가를 묻는 면접방식으로 과거 행위에 대한 정보를 수집하고자 한다.

전술을 설명하기 위해서 인상관리분석틀(impression management framework)을 제안하고 있음. 또한 Eber와 Buckley(1989)는 면접상황이 면접자의 정보탐색에 미치는 영향을 설명하기 위해 상호주의적 관점(interactionist perspective)을 제안하고 있음.

(7) 면접구조화에 대한 추가적 연구 (1990-1998)

- 면접구조화의 정도와 면접질문에 대한 유형에 관한 연구가 지속적으로 진행되었음.
- 또한 면접과 다른 심리적 변수들(예, 인지능력)과의 관계를 탐구하며 면접이 증분타당도가 있는지를 고찰함.
- 면접자와 지원자 사이의 상호작용에 관한 연구도 진행하여 Stevens와 Kristof(1995)는 면접자와 지원자의 인상관리전략에 대한 연구를 실시하였음.

(8) 최근의 연구동향

- 구조적 면접, 면접질문유형 그리고 면접자-지원자 상호작용에 대한 다양한 측면에 대한 연구가 추가적으로 실시되고 있음.
- 정보기술(즉, 컴퓨터, 인터넷 등)을 면접에 활용하는 방법과 그 효과성에 대한 연구가 증가.
- 문화적 차이가 면접에 어떻게 영향을 미치는지에 대한 연구 등 새로운 연구추세가 발달하고 있음.

제 2 절 고용면접의 분석틀

1. 전문적 지원자/ 준비되지 않은 면접자

우리는 면접에 대한 준비상태에 있어서 면접자와 지원자의 차이가 크다는 사실에 놀라움을 금치 못한다.

면접실무자(주로 관리자들)들은 어떠한 지침이나 코칭없이 시행착오를 통하여 면접 수행방법을 배웠다고 이야기한다. 몇몇은 특별한 교육 없이 단지 선배가 면접을 행하는 것을 관찰한 후 바로 면접을 행하여야 했다. 다른 면접자들도 지도를 거의 받지 않았으며, 그들은 단지 채용책임이 있으므로 지원자를 면접할 필요가 있다고 이야기를 들었을 뿐이다.

반면에, 면접자들이 대면하게 되는 지원자들은, 특히 캠퍼스 모집의 경우에, 잘 훈련되어 있으며 면접연습을 많이 했다고 알려져 있다. 지원자들은 대학경력센터에서 제공하는 코칭, 전문적 이력서 작성서비스, 그리고 고용면접을 통과하기 위한 논문과 책을 통하여 인상관리기법을 훈련받고 면접에 대한 스크립트를 통달한 '전문적 피면접자'(professional interviewee)가 되었다.

따라서 대부분의 실무자는 세련된 지원자를 다루기 위한 준비가 턱없이 부족하였다고 고백한다. 이러한 괴리현상을 보완하기 위해서 면접자는 과학적 연구에 근거를 둔 고용면접구조와 과정을 이해한 후 거기에 맞는 자신만의 실용적 기법을 개발할 필요가 있다.

왜 고용면접이 조직과 지원자의 욕구를 충족하는 데 실패하는

지 이유를 고찰하여 보는 것도 고용면접의 개선방향을 설계하는 데 유용하다. 사람들은 면접이 쉬운 일이라고 생각하지만 매우 어려운 과업이다. 그러면 사람들은 왜 실제보다 자신이 면접을 더 잘 수행한다고 생각하는가? 아마 가장 큰 이유는 사람들이 면접의 목적을 잘 이해하지 못한다는 것이다. 면접자들은 자신이 사람들과 이야기하는 것을 좋아하고 지원자 반응의 내면을 파악할 수 있으며, 지원자들이 실제로 의도하는 것을 알 수 있다고 생각한다. 경영자들은 비언어적 행동(즉, 눈초리, 몸짓, 손짓 등)을 관찰함으로써 누가 진실을 말하고 누가 거짓을 이야기하는지를 파악할 수 있다고 생각한다. 그러나 이런 판단은 일반 사람들이 생각하는 것보다 어렵다. 예를 들어, 지원자가 거짓을 이야기하고 있다고 경영자들에게 알려주어도 경영자들은 거짓을 잘 발견하지 못하였다.

마찬가지로, 경영자들은 지원자의 성격이 조직문화와 잘 맞는지를 평가할 수 있다고 믿고 있다. 그러나 연구에 의하면, 경영자들은 지원자 사이의 성격 차이를 잘 인식함에도 불구하고 특정 직무에 맞는 성격유형이 무엇인지를 잘 식별하지 못한다고 한다(Scott, 1915).

사람들이 면접을 쉽다고 하는 이유는 개인적 판단과 지원자의 역량을 실제로 평가하는 것과의 차이를 인식하지 못하기 때문이다. 실제로 우리는 어투, 옷차림 또는 매너 등에 의해 타인을 쉽게 판단한다. 이런 우리의 일상적 행동은 직무성과를 예측하는 것과는 다르다. 면접은 첫 인상 이상으로 객관적인 정보를 수집하는 것이 목적이다(Camp, Vielharber, & Simonetti, 2001).

2. 면접에 있어서 연구와 실무의 괴리

면접에 관한 연구는 20세기에 들어와서 Scott(1915)이 영업직에 대한 36명의 지원자를 6명의 인사담당자가 면접을 통하여 서열을 매기게 해 본 결과 면접자 사이의 일치도가 매우 낮다는 연구를 필두로 해서 본격적으로 시작되었다. 그러나 면접은 다른 연구주제보다도 학자들의 관심을 끌어 그후 상당한 연구논문과 저서가 출판되었다. 21세기에 이른 지금도 면접에 대한 상당한 지식이 축적은 되었지만 아직 연구할 과제가 많다는 것도 사실이다. 그러나 면접 실무에서는 축적된 연구결과를 반영하지 못하고 즉흥적으로 체계없이 면접이 실시되고 있는 것도 사실이다(Bernadin & Russell, 1995). 면접의 연구결과와 실무 사이의 괴리에 대한 요약이 다음 표에 제시되어 있다.

〈표 1-2〉 선발에 있어서 연구와 실무

연 구 결 과	실무에의 적용
가중지원서 또는 생애자료의 적극적 활용	2% 미만의 기업만이 타당도가 검증된 가중지원서와 생애자료를 활용하고 있다
선발도구의 부정적 영향(adverse impact)을 모니터링	10% 미만의 기업만이 모니터링 실시
인지능력검사를 타당도 검증할 것	20% 미만만 실시
필적판정법(Graphology)은 타당하지 않음	사용이 증가하고 있음
직무분석에 근거하여 성격요인의 비중을 결정	5% 미만만 행함
구조화된 상황적 또는 행위지향적 면접실시	단지 28%만 실시
공식적 면접평가시스템 활용	단지 18%만 실시
한 명 이상의 면접자 활용	단지 41%만 실시
자료를 결합하는 데 통계적 모형 활용	5% 미만만 통계적 모형 활용

자료: H. J. Bernadin & J. E. A. Russell, *Human Resource Management: An Experiential Approach*, 2nd ed., Irwin/McGraw-Hill, 1995, p.156.

거의 모든 조직이 인사선발에 면접을 활용하고 있다. 그러나 표에 의하면 연구결과를 실무에 적용하는 정도는 미미한 것으로 여겨진다.

3. 고용면접에 대한 분석틀

산업심리학자들은 고용면접을 전통적으로 측정의 문제로 다루어 왔다. 따라서 상당수의 연구가 면접질문과 척도의 개발, 그리고 면접오류의 감소 같은 분야에 집중되어 왔다. 이러한 측정위주의 관점은 면접도구의 개발에 도움을 주었으나 실제 조직에서 행해지고 있는 고용면접을 이해하는 데는 한계를 보인다.

최근에는 고용면접에 있어 면접자와 지원자의 개인적 특성이나 면접환경을 사회심리학적 관점에서 고찰하기 시작하였다. 사회심리학적 접근에서의 고용면접은, 면접자가 지원자의 역량에 대한 정보를 획득하는 면접자와 지원자의 동태적 상호작용과정으로 파악한다. 즉, 고용면접은 (1) 측정도구보다는 의사결정에 도움을 주는 기능이며, 동시에 (2) 사회적 상호관계를 반영하는 시스템으로 파악하고 있다.

실제로 고용면접은 측정도구뿐만 아니라 다양한 변수가 개입되어 있는 복잡한 시스템이다. 우선 고용면접은 면접자와 지원자가 면접이라는 수단을 통하여 상호작용(즉, 면접과정)하는 사회적 시스템이다. 고용면접의 가장 큰 특징은 지원자가 얼마나 조직에 잘 적합할 것인가 또는 일이나 직무를 성공적으로 수행할 것인가(즉, 면접결과)를 면접자가 예측하는 과정이다. 또한 고용면접도 고용면접과 성격, 면접자의 역할규정, 그리고 면접자의 훈련 등과 같은 상황

〈그림 1-3〉 고용면접의 분석틀

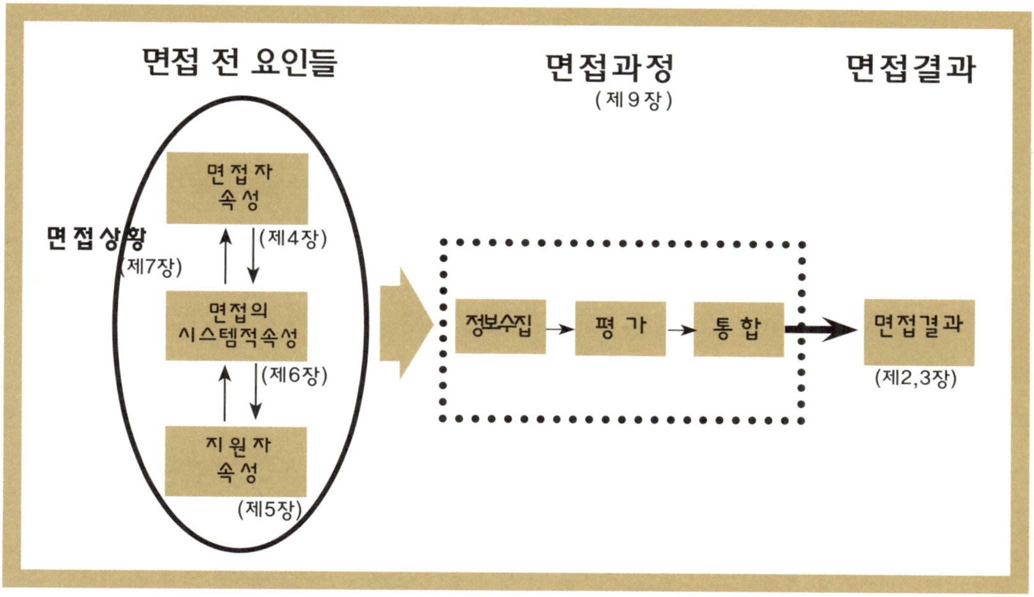

적 변수에 의해서도 영향을 받는다. 이상의 요소들이 고용면접에서 어떻게 상호작용하는지를 도표로 나타내면 <그림 1-3>과 같다.

분석틀 내의 각 구성요소들의 특징을 간략히 살펴보면 다음과 같다.

(1) 면접자 속성 이는 면접자의 의사결정능력에 영향을 미치는 면접자의 개인적 특성을 의미한다. 면접자들은 인지능력, 성격, 경험, 그리고 직무지식 등에 차이가 있으며 면접수행시 서로 다른 접근법을 취하는데 이런 차이는 면접수행방식과 평가과정, 면접타당도에 영향을 미친다(제4장).

(2) 지원자 속성 면접상황에서 지원자 속성은 지원자에 대한 면접자의 관심과 인상에 영향을 미치는 요인을 의미한다. 지원자의

직무지식, 교육수준, 과거경험, 성격 등은 물론이고 억양 및 음색, 신체언어, 자세 및 성, 체중, 인종과 같은 신체적 조건들이 면접자의 지원자에 대한 판단에 영향을 미치는 요인들로 생각할 수 있다(제5장).

(3) 면접의 시스템적 속성 면접방식(집단 대 개인)과 면접의 구조화 여부(비구조화 대 준구조화 대 구조화) 등에 의해 면접에서 얻는 정보의 질과 양이 달라진다(제6장).

(4) 상황적 속성 스트레스, 주변소음, 시간압박, 결정에 대한 책임 등과 같은 면접상황은 면접자가 정보에 집중하는 정도에 영향을 미친다. 면접의 상황요인으로 면접 전에 면접자에게 제공하는 정보의 유형을 들 수 있다(제7장).

(5) 면접과정 면접과정은 면접자와 지원자의 실제 상호작용으로 정보수집, 평가, 그리고 통합의 세부 과정으로 구성되어 있다. 정보수집은 면접자의 지원자에 대한 질문 — 지원자 반응 — 면접자의 추가 질문 등으로 이루어진다. 이런 정보수집 과정 후에 면접자는 일정한 기준에 따라 지원자를 평가한다. 지원자의 평가는 개별 질문에 대한 평가 → 역량별(또는 차원별) 평가 → 지원자별 총점 → 그리고 면접자간 평정의 통합 등 여러 차원에서 평가와 통합이 이루어질 수 있다(제8장).

(6) 면접 결과 면접 결과는 신뢰도, 타당도, 그리고 사용자 반응 등 세 가지 유형으로 나올 수 있다. 신뢰도는 검사-재검사 신뢰도, 면접자간 신뢰도 그리고 내적 일관성 등으로 알아볼 수 있으며, 타당도는 내용 타당도나 준거 관련 타당도를 통해 확인 가능하고, 사용자 반응은 불공정 차별의 보호, 지원자 반응 그리고 면접자 반응을 통해서 확인한다(제2장과 제3장).

참고문헌

Bernadin, H. J., & Russell, J. E. A. (1995). *Human Resource Management: An Experiential Approach*, 2nd eds., Irwin/McGraw-Hill, p.156.

Borman, R. A. (1986). Self-presentation in job interview: When there can be 'Too much of a good thing.' *Journal of Applied Social Psychology*, 66, pp.16–28.

Camp, R., Vielharber, M. E., & Simonetti, J. L. (2001). *Strategic Interviewing: How to Hire Good People*. University of Michigan Business School Management Series, Jossy-Bass.

Cronshaw, S. F., & Wiesner, W. H. (1988). The validity of the employment interview: Models for research and practice. In R. W. Eder & G. R. Ferris (Eds.). *The Employment Interview Handbook*. Sage Inc., pp. 269–281.

Dipboye, R. L., & Jackson, S. L. (1999). Interviewer experience and experience effects. In R. W. Eder & G. R. Ferris (Eds.). *The Employment Interview Handbook*. Sage Inc., pp.259–278.

Eder, R. W., & Buckley, M. R. (1988). The employment interview: An interactionist perspectives. In G. R. Ferris & K. M. Rowland (Eds.). *Research in Personnel and Human Resource Management,* Greenwich, CT: JAI, 6, pp. 75–107.

Eder, R. W., Kacmar, K. M., & Harris, G. R. (1999). Employment Interview Research: Historical update and introduction. In R. W. Eder & G. R. Ferris (Eds.). *The Employment Interview Handbook*. Sage Inc., pp. 1–27.

Poole, M. S., & DeSanctis, G. (1990). Understanding the use of group decision support system: The theory of adaptive structurization. In J. Fulk, & C. W. Steinfield (Eds.). *Organization and Cummunication Technologies*. Newbery Park, CA: Sage, pp. 173–193.

Rynes, S. L. (1988). The employment interview as a recruitment device. In R. W. Eder & G. R. Ferris (Eds.). *The Employment Interview Handbook*. Sage Inc., pp. 269–281.

Scott, W. D. (1915). Scientific selection of salesman. *Advertising and Selling Magazine*, 5, pp.5–6.

Stevens, C. K., & Kristof, A. L. (1995). Making the right impression: A field study of applicant during the job interview. *Journal of Applied Psychology*, 80, pp. 587–606.

Toris, C. R., & Pauls, D. M. (1985). Effects of actual deception and suspiciousness of deception on interpersonal perceptions. *Journal of Personality and Social Psychology*, 47, pp. 1063–1073.

제 2 장

면접에 있어서 차별

제2장 면접에 있어서 차별

우리나라도 사회 구성원의 다양화와 함께 인권에 대한 의식강화로 '차별'(discrimination)에 대한 인식이 점점 커져 왔으며 앞으로도 중요한 이슈로 남아 있을 것이다. 따라서 조직은 채용과정에 있어서 지원자들이 차별을 받았다는 느낌이 들지 않도록 세심한 주의를 기울여야 할 것이다.

제 1 절 차별의 의의와 정의

1. 의 의

면접의 주관적 특징 때문에 다른 선발기법(예를 들어, 성격검사, 인지능력 검사 등)에 비해서 지원자들은 면접에 대한 공정성에 민감하게 반응한다. 면접과정에서 불쾌감과 불공정성을 느낀 지원자들은 선발과정뿐만 아니라 조직에 대해서도 부정적 태도를 형성하기 쉽다(Bies & Moang, 1986). 이러한 지원자의 부정적 태도는 최종선발에 대한 거절, 조직이 생산하는 서비스 및 제품의 불매, 법적 소송 등은 물론이고 조직에 입사했을 경우에는 낮은 업무성과 및 부정적 업무 태도(예를 들어, 낮은 조직몰입, 낮은 직무만족 등) 등을 결과할 수 있다(Arvey, 1991, 1992; Gilliand, 1993). 따라서 고용면접을 하지 않는 것만 못하게 되는 결과를 미연에 예방하고, 더 나아가, 면접을 효과적으로 실시하기 위해서 면접자는 불공정 차별에 대한 이슈를 심각하게 고려해야 한다.

2. 차별의 정의

정 의 1[1)]

소수집단(minority group) 이 만약 선발되었다면 다수집단(majority group)의 구성원과 동일한 직무성공 확률이 있음에도 불구하고 소수집단의 구성원이 선발될 확률이 낮은 현상(Arvey, 1979)

정 의 2

직무수행과 무관한 '보호받는 특성' (예를 들면, 성, 피부색, 장애 등)을 이유로 개인에 불이익을 주는 행위

1) 미국 시민권법 VII장에서는 인종, 피부색깔, 종교, 성 그리고 출신국가(national origin)에 의해 차별하는 것을 금하고 있으며, 이 외에 직업재활법(Vocational Rehabilitation Act of 1963)과 연령차별법(Age Discrimination in Employment Act of 1967) 등에 의해 장애와 연령에 따른 차별도 금지하고 있다. 이들 법들을 통틀어 평등고용기회법(Equal Employment Opportunity Acts)이라고 한다

제 2 절 차별의 유형

사용자 또는 면접자의 불공정 차별은 (1) 불평등 처우(disparate treatment), (2) 불공정 효과를 갖는 정책 혹은 관행의 사용(adverse impact), 그리고 (3) 의무적인 '합리적 수용편의'(reasonable accommodation)의 제공 실패로 구분할 수 있다.

1. 불평등 처우

불평등 처우 차별은 사용자가 인종, 피부색, 종교, 성별, 출신국가, 장애 또는 다른 보호되어야 할 특성 때문에 다른 사람보다 불리하게 대우할 때 발생한다. 불평등 처우는 차별의도의 '직접적 증거'(예를 들면, 차별적 의도를 반영하는 사용자의 언어나 행동) 또는 정황증거(circumstantial evidence)를 제시함으로써 성립된다. 불공정 차별이 있었음을 주장하는 원고는 (1) 본인이 보호그룹의 일원이며, (2) 문제의 직무에 응시하였고, (3) 직무에 적합하였으나, (4) 보호그룹이 아닌 자에 의하여 탈락되었음을 증명하여야 한다. 이것이 증명되면, 차별이 없었다는 추후 입증책임은 사용자에게로 옮겨지게 된다. 이를 피하기 위해서는 조직은 모든 지원자에게 일관적으로 적용할 수 있는 체계적인 선발시스템을 적용하여야 한다. 특히 면접에서는 면접과정을 구조화할 필요가 있다.

2. 부정적 영향

부정적 영향(adverse impact)은 명목상 중립적인 검사, 정책, 선발 준거 등이 보호집단의 고용기회에 부정적 결과를 유발하는 관행들을 모두 일컫는다. 예를 들어, 남성 지원자의 합격률은 50퍼센트이지만 여성 지원자의 합격률은 10퍼센트라면 해당 조직의 채용 관행은 여성 지원자에게 '부정적 영향'을 미치고 있다고 볼 수 있다. 이 경우 조직은 합격률의 차이가 차별에 의한 것이 아니라는 것을 보여 주어야 한다. 다시 말하면, 중립적으로 보이는 면접과정이라도 보호그룹(예를 들어, 장애인 이나 여성)에 대한 부정적 영향을 미친다면 차별을 하지 않았다는 입증책임은 조직으로 넘어가게 된다. 사용자는 차별이 없었다는 것을 면접과정이 '직무와 연관되어 있으며, 일관적인 경영상 필요성이 있음'을 통하여 보여야 한다(Uniform guidelines on employee selection procedures(EEOC, 1978)).

사용자는 직무분석에 근거하여 면접질문을 개발하여 면접질문의 직무관련성을 높이는 것도 '부정적 영향'에 의한 소송을 준비하는 한 방법이다. 부정적 영향을 제거하기 위해서는 차별을 발생시키는 선발 예측치(predictors)를 더 이상 사용하지 않거나 부정적 영향을 받는 보호집단 내에서 자격있는 지원자들의 모집을 확대시킬 필요가 있다.

3. 합리적 수용편의의 제공 실패

일반적으로 차별을 금지하는 것 이상으로 장애인이나 노령층 경우에는 사용자가 '합리적 수용편의'(reasonable accommodation)를 제공할 것을 규정하고 있다. 다시 말하면, 사용자는 지원자를 부당하게 차별하지 않는 것으로 충분하지 않고 장애인의 경우에는, 편의제공이 사용자의 사업에 과도한 부담이 되지 않는 한, 편의를 제공해야 한다. 장애를 가진 지원자가 동등하게 면접과정에 참여할 수 있도록 합리적인 수용편의(예를 들면, 청각장애가 있는 경우 수화 및 적절한 휴식 제공 등)를 제공하여야 한다. 면접자는 휠체어 이용 또는 심각한 시각장애가 명백한 경우에 대해서는 편의제공의 필요성을 지원자에게 물어보거나 장애인이 면접 동안 약 복용을 위해 주기적 휴식의 필요성을 자발적으로 언급하는 경우 편의를 제공하여야 한다. 또한, 장애인에게 조건부 합격 이전에 장애가 있는지 또는 장애의 성격 정도를 묻는 것을 금지하고 있다.

4. 법적 절차

면접에 있어서 불공정 차별이 발생하였을 경우, 입증책임에 관한 문제가 발생하게 된다. 이때 불공정 차별이 있었음을 주장하는 원고는 (1) 본인이 보호집단의 일원이며, (2) 문제의 직무에 응시하였고, (3) 직무에 적합하였으나, (4) 보호집단이 아닌 자에 의하여 탈락되어 졌음을 증명하여야 한다. 이것이 증명되면, 입증책임은 사용자에게로 옮겨지게 된다. 이때, 사용자는 위의 결과에 대하여 직무관련성과 사업의 필요성을 주장하여야 한다. 미국에서의 법적 과정을 그림으로 표시하면 다음과 같다.

〈그림 2-1〉 법적 절차

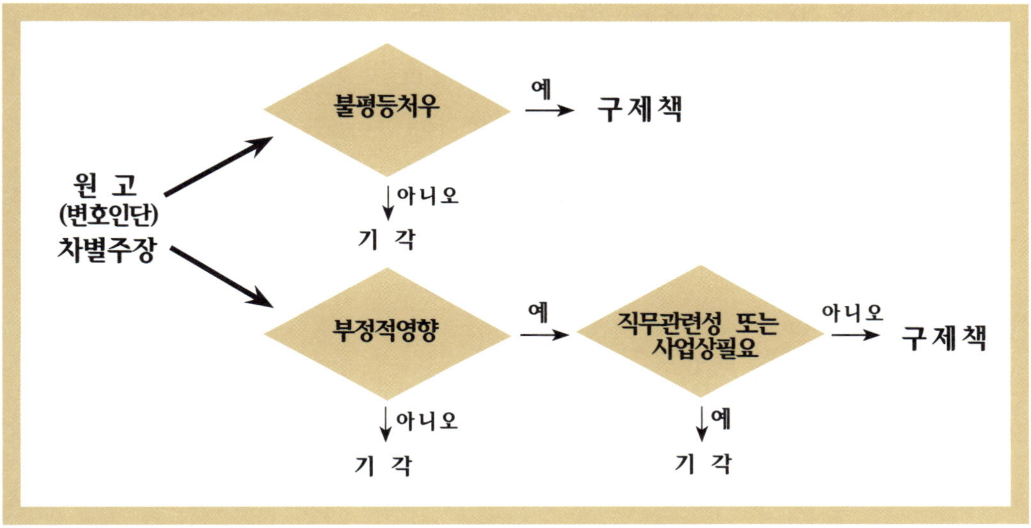

제 3 절 면접에 있어서 차별

면접에 있어서 불공정 차별의 잠재적 원인으로는 (1) 면접거부, (2)주관적 고용절차, (3) 면접자의 구성과 훈련, (4) 면접질문 등을 들 수 있다.

1. 면접거부

사용자는 모든 지원자를 면접할 의무는 없다. 그러나 지원자가 보호집단(protected group)에 속해 있다는 이유로 면접을 거부하는 것은 불평등 처우에 해당된다. 또한 모집단계에 있어서도 보호집단에게 불리하게 작용할 관행(예를 들면, 면접대상을 선별하는 데 보호집단에게는 아예 모집광고를 하지 않거나, 기존 종업원의 친구나 친지에게 가산점을 부여하거나, 또는 불필요한 직무경험을 요구하는 것 등)도 부당한 차별에 해당될 수 있다.

2. 주관적 고용과정

이미 언급한 바와 같이, 면접에 대한 비판에서 가장 빈번하게 지적되는 것이 바로 '주관성 문제'이다. 미국법원도 주관적 고용과정에 대해서 2가지 중요 관심사항을 표명하고 있다. 즉 첫째, 주관적 과정은 부적절한 편향(bias)에 노출되기 쉬우므로 금지된 차별의 기제로 작용할 수 있다. 둘째, 주관적 절차는 사용자의 의사결정에 대한 지원자의 도전과 반박을 부당하게 제약할 수 있다. 주관적 고용절차 그 자체가 불법은 아니지만, 법원은 주관적 절차의 사용은 엄밀한 검토의 대상이 된다고 일관성있게 주장하고 있다. 따라서, 면접과정이 주관적일수록 사용자는 지원자의 주장을 반박하기 어려울 것이다.

3. 면접자의 선택과 훈련

면접과정에 있어서 부정적 편향이 있었는지를 조사하는 데 있어서 면접팀의 인종적 또는 성적 구성이 중요한 관심사항이 된다. 인종차별에 대한 사건에서 모두 백인으로 구성된 면접팀은 다른 차별적 증거와 보완적으로 활용되었다(Roberts v. Houston, 1993). 마찬가지로 모두 남성으로 구성된 면접팀은 성차별(sex discrimination) 사례에서는 불리하게 활용될 수 있다. 법원은 또한 인종차별 사례에 있어서 사용자가 면접에 대한 공식적 훈련을 제공하지 않았다는 사실을 비판하고 있다(Green v. USX Corporation, 1988). 반대로, 면접자가 면접훈련을 받고 경험이 있다는 사실은 불공정차별이 없다는 법원결정에 한 요인으로 인용되고 있다(United States v. City of Warren, 1992).

4. 부당한 면접질문

고용면접의 차별 사례에 있어서 면접질문은 종종 핵심적 역할을 하고 있다. 평등고용기회법은 지원자의 인종, 피부색깔, 종교, 성 또는 출신국가에 대해 질문하는 것을 금지하고 있다. 또 장애인법은 지원자가 장애가 있는지 또는 장애의 유형과 정도에 대해 물어보는 것을 금지하고 있다. 또한 지원자마다 서로 다른 질문은 차별적 의도의 증거로 활용될 수 있다. 예를 들어, 여성 지원자에게는 가족상황(예를 들면, 결혼여부, 자녀 수 등)에 대해 물어보고 남성 지원자에게는 묻지 않았다면 불리한 증거로 사용될 수 있다. 마지막으로 중립적으로 보이는 질문들도 보호집단에 부정적 영향이 있다면 사용자는 직무관련성이나 사업필요성을 증명할 수 있어야 한다.

5. 불공정 방지 방법

지원자들에게 공정성을 인식시키거나 불공정 차별에 반박하는 증거로서의 타당성이 확보된 면접을 실시하는 것이 중요하다, 그러기 위해서는 (1) 면접자의 사전교육과 경험있는 면접자의 선발, (2) 직무분석을 통한 지원자 선발의 준거 마련, (3) 다양한 구성원의 면접팀 구성을 통한 의사결정의 편향 방지, (4) 구조화된 면접을 통한 면접자의 주관성 억제, (5) 법으로 금지되어 있는 질문 배제 등이 있다.

〈표 2-1〉 면접에서 불공정성을 방지하기 위한 방법들

불공정 방지 방법

- 면접자의 사전교육과 유경험 면접자의 선발
- 직무분석을 통한 지원자 선발의 준거 마련
- 다양한 구성원의 면접팀 구성을 통한 결정의 편향 중재
- 구조화된 면접을 통한 면접자의 주관성 억제
- 법상 금지되어 있는 질문 배제

지원자가 면접의 결과를 공정하다고 판단

불공정차별에 반박하는 증거로서의 타당성 확보

참고문헌

Arvey, R. D. (1979). Unfair discrimination in the employment interview legal and psychological aspects. *Psychological Bulletin*, 86, pp. 736–765.

Arvey, R. D. (1991). Frontier issue in personnel psychology, Paper presented at the Annual Meeting of the International Personnel Management Assessment Association. Chicago.

Arvey, R. D. (1992). Fairness and ethical consideration in employment selection. In D. M. Saunders (Eds.). *New Approach in Employee Selection*. Greenwich, CT: JAI.

Bies, R. J., & Moang, J. S. (1986). Interactional justice: Communication criteria for fairness. In Sheppard, B. (Eds.). *Research on Negotiation in Organizations*. Greenwich, CT: JAI.

Gilliland, S. W. (1993). The perceived fairness of selection system: An organizational justice perspective. *Academy of Management Review*, 18, pp. 694–734.

미국판례: Green v. Usx Corporation (1988).

미국판례: Roberts v. Houston (1993).

미국판례: United States v. City of Warren (1992).

제 3 장

면접 결과들

-고용면접을 평가하는 준거

제1절 신 뢰 도

제2절 타 당 도

제3절 법규정에의 부합

제4절 사용자 반응

제5절 상관계수의 의미

제3장 면접 결과들: 고용면접을 평가하는 준거

면접의 결과는 신뢰도(reliability), 타당도(validity), 그리고 사용자 반응 등 세가지 유형으로 나누어 고찰할 수 있다(Campion, Palmer, & Campion, 1997). 신뢰도는 타당도의 필요조건이다. 독일의 경우에는 법원은 선발과정의 수용성과 지원자의 반응을 중요한 판결요인으로 여기고 있다(Schuler & Funke, 1988).

제1절 신 뢰 도

면접 결과가 면접자가 달라짐에 따라, 혹은 상황(또는 시기)에 따라 달라진다면 면접의 신뢰도는 낮다고 할 수 있다. 이렇게 신뢰도는 면접 결과가 면접자 혹은 상황에 관계없이 동일한 지원자에 대하여 동일한 결과를 산출하는 정도를 의미한다. 평가시기에 따른 신뢰도를 '검사-재검사 신뢰도', 동일한 지원자에 대한 면접자들의 면접 결과가 일치하는 정도를 '면접자간 신뢰도'라고 부른다. 또한 동일한 특성을 묻는 여러 질문들이 일치하는 정도를 '내적 일관성'이라고 한다. 이러한 신뢰도는 상관계수의 크기로써 평가한다.

1. 검사-재검사 신뢰도

'검사-재검사 신뢰도'(test-retest reliability)는 동일한 지원자의 동일 특성을 서로 다른 시기에 면접으로 평가할 경우 두 면접의 면접결과가 얼마나 동일한지를 알아보는 방법이다. 즉, 동일한 면접을 일정한 시간이 경과한 후 동일한 집단에게 다시 실시한 뒤 두 면접 점수간의 상관계수를 구하면 이 계수가 신뢰도 계수가 된다. <그림 3-1>은 '검사-재검사 신뢰도'를 그림으로 나타내고 있다.

두 개의 점수를 나타내는 두 개의 원이 겹치는 부분이 진정한 점수를 나타낸다. 두 원이 겹치지 않는 부분(즉, 두 개의 점수가 일치하지 않는 부분)은 오류를 나타낸다. 두 개의 원이 겹치는 부분이 클수록 신뢰도 계수 또는 상관계수가 커진다.

동일한 면접이 두 번 실시되기 때문에 지원자의 특성이 변하지 않았다고 가정하면, 두 면접점수 사이의 차이는 면접시 발생하

〈그림 3-1〉 두 시점간 검사-재검사 신뢰도

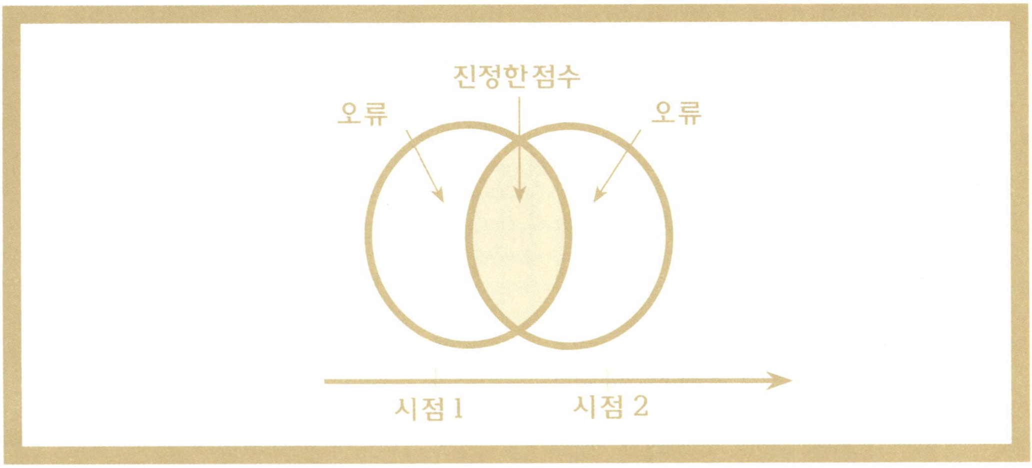

는 측정오차(예, 기후, 지원자/면접자의 컨디션, 주변 소음 등)의 차이에 기인한다고 가정할 수 있다. 그러나 기억효과는 검사-재검사 신뢰도를 인위적으로 높게 만들 수 있다. 즉 기억효과는 검사-재검사에 의해 측정된 신뢰도가 진정한 신뢰도를 과대평가하게 만들 수 있다(즉, '측정된 신뢰도' > '진정한 신뢰도'). 일반적으로 두 검사 사이의 시간이 길수록 기억효과는 적어질 수 있어 기억효과를 줄일 수 있다. 그러나 시간차가 클수록 지원자에게 실질적 변화가 발생할 수 있다. 예를 들면, 수학능력에 대한 검사-재검사 방법을 쓸 때 두 시험 사이의 기간이 6개월이라면 이 기간 동안 학습에 의해서 실질적으로 시험자의 능력이 증대될 수 있다. 이 경우 검사-재검사 신뢰도는 낮아질 것이다. 이런 이유에 의해서 두 검사 사이의 기간이 길면 길수록 검사-재검사 신뢰도는 낮아진다고 볼 수 있다.

대체적으로 면접의 구조화 여부에 의해 신뢰도 계수가 많이 영향을 받는다고 볼 수 있다. 면접질문이 동일하면 혹은 면접이 구조화되어 있으면 있을수록 면접의 검사-재검사 신뢰도는 높아질 것이라고 예상할 수 있다. 또한 면접항목이 지식에 관계된 내용이거나 구체적 행동 혹은 과거 발생했던 내용에 관한 질문이라면 신뢰도는 높아지며, 면접항목이 태도에 관계되거나, 추상적 의견 혹은 장래의 행동에 관해서 이루어진다면 지원자가 상황에 따라 혹은 의도적으로 달리 반응할 여지가 많아 신뢰도는 낮아질 수 있다.

2. 면접자간 신뢰도

면접자간 신뢰도(interrater reliability)는 상이한 면접자가 동일한 지원자를 동일한 특성에 대해 면접을 진행하였을 때 면접결과가 상호 일치하는 정도를 가리킨다. 검사-재검사 신뢰도와 마찬가지로 지원자 집단에 대한 면접자들의 면접점수의 상관계수를 구해서 면접자간 신뢰도를 구할 수 있다.

면접이 구조화되어 있을수록, 면접항목이 지식에 관계된 내용일수록, 혹은 과거 발생했던 내용에 관계될수록 신뢰도는 높아지는 경향이 있으며 다음 두 요소가 면접자간 신뢰도 계수에 영향을 미칠 수 있다.

(1) 면접내용과 과정의 일관성: 면접은 지원자로부터 일관성있는 반응을 도출하는가? 지원자의 면접스킬, 기분상태, 스트레스 등과 같은 일시적 요소들이 면접평가에 영향을 미치는가?

(2) 면접자-지원자 상호작용: 면접 때마다 면접자-지원자 사이의 상호작용에 차이가 있는가?

3. 내적 일관성

내적 일관성(internal consistency)은 동일한 특성을 측정하고자 하는 면접 질문들이 서로 높은 상관관계를 보이고 있는가를 측정하고자 한다. 특정 특성의 유무 혹은 고저를 알아보기 위하여 하나의 질문이 아닌 다수의 질문이 면접과정에서 이루어진다. 이때 개별 질문들의 응답의 총점 혹은 평균이 특정 특성에 대한 평가 점수로 결정되는데 개별 질문들이 상호 높은 관계를 가질수록 질문들간 응답의 분산이 줄어들게 되고 질문들간 응답의 대표치인 총점이나 평균값은 안정적인 특성의 측정치가 된다. 그러나 응답의 분산이 높다면 응답의 총점이나 평균치는 높은 편차를 가져 점수에 대한 신뢰성있는 수치라고 할 수 없다. 이렇게 질문들간 분산의 정도가 높은지 낮은지를 알아보고 신뢰도를 결정하는 방법을 '내적 일관성 방법'이라고 한다.

제 2절 타 당 도

타당도란 면접이 준거(예를 들면, 직무수행, 근속, 훈련의 성공적 완수 등)를 예측하는 정도를 의미한다. 타당도를 높이기 위해서는 다음 세 요소를 통제할 필요가 있다.

- 직무관련성(job-relatedness): 면접이 직무내용과 관련이 있는가?
- 측정결핍(measurement deficiency)의 강도: 면접이 충분히 유용한 정보를 산출하는가? 면접이 직무를 수행하는 필요한 KSAs와 개인적 특성을 누락시키지 않고 평가할 수 있는가?
- 측정오염(measurement contamination)의 강도: 면접의 결과는 오염(즉, 속임수 또는 적절하지 못한 정보)의 영향을 적게 받는가?

직무관련성이 높을수록, 측정결핍과 측정오염이 낮을수록 타당도는 올라가게 된다. 현실장면에서 많이 활용되는 타당도 분석방법에는 내용 타당도(content validity)와 준거관련 타당도(criterion-related validity)가 있다.

1. 내용 타당도

내용 타당도는 면접질문 문항들이 평가하고자 하는 내용영역을 얼마나 잘 대표하는지의 정도를 평가하는 방법이다(Crocker & Algina, 1986). 질문 문항이 내용영역을 잘 대표하는지에 대한 평가는 대체로 주관주제전문가(SME: Subject Matter Expert)에 의해 이루어진다. 평가기준은 질문들이 평가하려는 특성을 얼마나 포괄적으로 대표하고 있는지, 그리고 질문들이 평가하려는 특성과 높은 관련성을 갖고 있는지에 의해서 이루어질 수 있다. 면접이 내용 타당도를 갖기 위해서는 면접 질문들이 '직무 관련성'(job-relatedness)을 가져야 한다. 면접의 직무 관련성을 강화하기 위해서는 충원하여야 할 직무에 대해 직무분석을 실시하고 이에 의해서 면접 질문들을 개발할 필요가 있다.

내용 타당도를 측정하는 방법은 <표 3-1>에 제시되어 있다(타당도를 측정하는 과정을 타당도 검증(validation)이라고 함).

〈표 3-1〉 면접에 있어서 내용 타당도 측정과정

직무분석

종업원 효과성 정의
효과성과 관련 있는 KSAOs 추론

↓

예측치 개발

면접질문의 개발

2. 준거관련 타당도

면접을 사용해서 신입사원을 선발하는 조직에서는 면접 점수가 신입사원이 회사에 입사하여 직무를 잘 수행하는지 또는 못하는지를 얼마나 잘 예언해줄 수 있는지에 관심을 갖게 된다. 면접이 지원자의 직무수행에 필요한 특정 특성(예, 전문지식 혹은 의사소통기술 등)을 제대로 측정하였다면, 즉 타당도가 높다면 면접에서 높은 점수를 받은 사람은 직무에서 요구하는 특성을 갖고 있다고 볼 수 있다. 그리고 이런 특성을 가진 지원자는 조직에 들어와서 높은 성과를 보일 것이다.

즉, 준거관련 타당도는 면접결과와 준거와의 관련성이 어느 정도인가를 알아보는 수리적 접근으로, 면접결과와 준거가 높은 상관계수를 보인다면 면접결과는 높은 준거관련 타당도를 가진다고 얘기할 수 있다. 다시 말해서, 면접은 직무에서 높은 성과를 보이거나 조직에 잘 적응하려는 지원자를 선발하려는 평가도구로서 면접점수와 직무에서의 성과점수가 높은 정적 상관관계를 가진다면 면접은 제 기능을 잘 수행하였다고 할 수 있고, 이때의 면접은 타당도가 높은 선발도구라고 얘기할 수 있다.

면접에 있어서 준거관련 타당도를 측정하는 절차는 <표 3-2>에 제시되어 있다.

〈표 3-2〉 면접에 있어서 준거관련 타당도 측정과정

직무분석

종업원 효과성에 대한 정의
효과성과 관련이 있는 KSAOs 추론

↓

준거 측정치

종업원 효과성에 대한 측정치 개발

↓

예측치 개발

면접질문의 개발

↓

예측치 - 준거 점수들

동시 타당도 검증
예측 타당도 검증

↓

예측치 - 준거의 관계

특성
통계적 유의성(statistical significance)

제 3절 법규정에의 부합

우리나라에서는 채용과정의 공정성을 제고하고 사회적 약자를 보호하기 위하여 다양한 법령을 제정하여 시행하고 있다. 예를 들어, 지원자의 나이를 부당하게 제한하거나, 지원자격으로 여성의 신체적 특성(예를 들어, 용모나 신장 등)에 부당한 제한을 가하거나 장애인의 지원을 부당하게 제한하는 것 등은 금지되어 있다. 따라서 고용면접도 이러한 사회적 준거틀 속에서 실시되어야 한다. 예를 들어 면접 중 면접자가 여성보다 남성을 선호한다든지 또는 장애인은 고려 대상이 안 된다고 말하는 것은 법을 위반한 것이 되기 쉽다.

만약 면접이 법적 투쟁의 대상이 된 경우에는, 조직은 면접의 소수집단(예를 들어, 여성, 장애인, 인종, 피부색깔 등)에 불리하게 작용하지 않았다는 것을 보여줌과 동시에 면접에서 소수집단이 부당하게 대우받지 않았다는 것을 보여주어야 한다. 조직이 이러한 주장을 할 때 면접의 신뢰도와 타당도는 중요한 증거가 될 수 있다. 이 외에도 면접과정이 모든 지원자에게 일관성있게 적용되었을 뿐만 아니라 특히 장애인이나 노령자의 경우에는 합리적 수용편의를 제공했다는 것을 보여줄 필요가 있다. 이에 대한 자세한 내용은 이미 제2장에서 논의되었다.

제 4 절 사용자 반응

1. 지원자 반응

지원자들도 면접이 선발과정에서 중요한 위치를 차지한다고 생각하기 때문에 면접에 대한 지원자 반응은 중요하다. 면접에 대한 지원자 반응은 조직에 대한 매력과 직무수락에 영향을 미친다. 또한 다른 사람에게 조직을 추천하는 것은 지원자 반응과 연계되어 있다. 따라서 면접과정에 있어서 지원자에 대한 대우는 조직의 유효한 지원자를 모집하고 고용하는 활동에 영향을 미친다.

일반적으로 지원자들은 필기시험보다는 면접을 선호하지만(Wilson, 1948), 구조적 면접은 덜 긍정적으로 생각한다(Latham & Finnegan,1993). 면접에 대한 지원자의 반응은 선발절차의 지각된 타당도, 면접자의 태도, 그리고 면접과정을 반영하고 있다. 따라서 채용 담당자는, 면접자가 친절하고 호의적 태도를 유지하고, 면접 질문에 직무관련성이 있으며, 지원자가 조직에 대한 질문을 할 기회를 가질 수 있는 면접 실행이 되도록 설계하여야 한다.

2. 면접자 반응

실제로 면접자가 면접 과정을 주도한다고 볼 수 있다. 만약 면접자가 면접 내용이나 과정에 대해 거부감을 갖는다면 면접이 효과적으로 진행되지 않을 수 있다. 따라서 채용 담당자는 면접자들이 면접 내용과 과정을 충분히 이해하고 수용할 수 있도록 하여야 한다. 구조화된 면접이 전통적 면접보다 타당도와 신뢰도에 있어서 우수하다고 알려져 있지만, 면접자들은 일반적으로 구조화된 면접보다 전통적 면접을 더 선호하는 경향이 있다. 면접자들은 구조적 면접의 직무 관련성을 인정하지만(Latham & Finnegan, 1993), 지원자들과 자유로운 의사소통을 통하여 지원자의 특성을 더 잘 평가할 수 있다고 생각한다(Dipboye, 1994). 따라서 구조적 면접을 실시할 경우에 채용 담당자는 구조적 면접의 의의와 과정을 충분히 면접자에게 설명하여 면접자들의 수용성을 높일 필요가 있다.

제 5 절 상관계수의 의미

1. 상관계수의 크기

타당도 계수는 이미 언급한 바와 같이 예측수단의 점수와 준거에 대한 점수의 상관관계를 의미한다. 다른 조건이 동일하다면 예측수단의 타당도 계수가 높을수록 의사결정의 정확성은 커진다. 이는 예측수단과 준거와의 관계를 나타내는 분산도를 통해서 쉽게 확인할 수 있다. <그림 3-2>는 예측수단과 준거사이의 관계를 예시하고 있다. <그림 3-2>에서 확인할 수 있듯이 상관계수의 크기에 따라 관계의 정도가 강하게 나타나기도 하고 약하게 나타나기도 한다. 이렇게 육안(eyeball test) 외에 우리는 수리적으로도 상관계수를 계산할 수 있다. <그림 3-2>의 경우 '약한 관계'에서는 타당도

〈그림 3-2〉 분산도(scatterplot)의 예

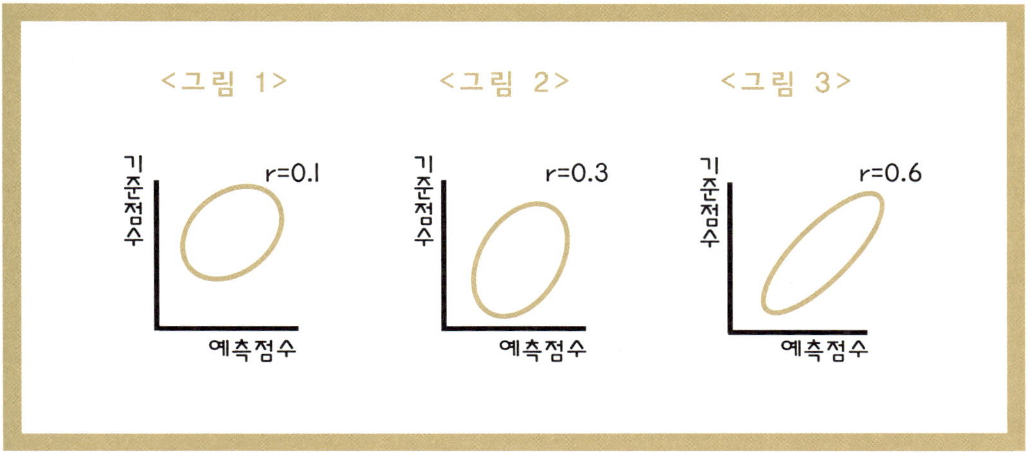

계수가 0.1의 경우이고, '중간 관계'의 경우에는 0.35, 그리고 '높은 관계'의 경우에는 0.6의 수치를 가진다.

2. 통계적 유의성

통계적 검정은 실질적으로 두 변수 사이에 관계가 없지만 우연에 의해서 표본에서 관찰된 관계를 나타낼 가능성을 조사하는 것이다. 우연에 의해서 관찰된 관계를 얻을 확률이 매우 적다면(예를 들어, 유의수준이 0.05 이내), 즉, 타당도 계수가 통계적으로 유의할수록 미래의 지원자 집단에 있어서도 유사한 관계를 얻을 가능성이 크다. 따라서 타당도 계수가 통계적으로 유의하다면 선발도구는 미래의 지원자를 선발하는 데 사용될 수 있다. 그러나 관찰된 관계가 우연에 의한 것으로 판단된다면, 그 예측수단은 선발도구로 활용되어서는 안 된다.

참고문헌

Campion, M. A., Palmer, D. K., & Campion, J. E. (1997). A review of structure in the selection interview. *Personnel Psychology*, 50, pp. 655–702.

Dipboye, R. L. (1994). Structured and unstructured selection interviews: Beyond the job-fit model. In G. R. Ferris (Eds.). *Research in Personnel and Human Resource Management*. Greenwich, CT: JAI Press., 12, pp. 79–123.

Latham, G. P. & Finnegan, B. L. (1993). Perceived Practicality of unstructured, patterned and situational interviews. In H. Schuler, J. L. Farr, & M. Smith (Eds.). *Personnel Selection and Assessment: Individual and Organizational Perspectives*. Hildale, NJ: Lawrence Erlbaum, pp. 41–55.

Schluer, H. & Funke, U. (1989). The interview as a multimodal procedure. In R. W. Eder, & G. R. Ferris (Eds.). *The Employment Interview: Theory, Research, and Practice*. Sage Inc., pp.183–192.

Wilson NAB, (1948). The work of the civil service selection board. *Occupational Psychology*, 22, pp. 204–212.

제 4 장

면접자 속성

제4장 면접자 속성

제 1절 면접자의 개인적 차이

고용면접에 있어서 지원자에 대한 정보를 수집하고 평가하는 책임은 면접자에게 있다. 면접과정을 면접자와 지원자 사이의 상호작용 과정이라고 하지만 통상 면접자가 과정을 주도적으로 이끌어 가고 지원자는 다분히 수동적 역할을 수행한다. 따라서 면접이 얼마나 효과적으로 수행되는가의 여부는 면접자에게 달려 있다고 볼 수 있다.

실무에 있어서 면접자는 주로 충원되어야 할 직위의 상급자나 동료, 고위 경영자, 인사담당자 그리고 외부전문가로 구성된다. 이들 면접자는 지원자의 내재적 특성(지식, 능력, 스킬, 태도 등)과 행위를 관찰하고 평가하는 데 있어 서로 다른 관점을 취할 수 있다. 즉 면접자에 따라 지원자의 정보를 수집하고 처리하는 방법이 달라질 수 있다. 따라서 채용담당자는 면접자의 개인적 차이를 고려하여 신중하게 선발해야 한다.

1. 면접자의 개인적 차이를 고려해야 하는 이유

구조적 면접이 비구조적 면접에 비해 면접의 타당도를 높인다는 주장은 많은 실증연구를 통해 지지되어 왔다. 면접 구조화에 대한 높은 관심은 면접자의 개인적 차이에 따른 면접 타당도의 차이에 대한 연구를 상대적으로 제한해 왔다. 그러나 면접을 구조화한다고 해서 면접 결과에 있어서 면접자의 개인적 차이를 완전히 배제할 수 있는 것은 아니다. 면접자가 자신의 욕구에 맞게 면접구조를 개조함에 따라 시간이 흐를수록 개인적 차이가 드러날 수 있기 때문이다.

면접자의 개인적 차이를 고려해야 하는 또 다른 이유는 비구조적 면접이 현재에도 상당수 조직에서 지속적으로 활용된다는 점에 있다. 이는 비구조적 면접이 상대적으로 타당도가 낮다고 해도 면접자에게 자신의 독특한 선호를 발휘할 기회를 준다는 장점이 있기 때문이다(Dipboye 1992, 1994). 그러나 면접자의 자유재량이 큰 비구조적 면접(즉, 전통적 면접)에서는 면접자의 개인적 차이가 면접결과에 미치는 영향이 구조화된 면접보다 크다. 따라서 면접 결과의 질을 보장하기 위해서는 면접자의 개인적 차이를 먼저 이해해야 한다.

2. 면접자 개인적 차이는 고용면접에서 어떻게 나타나는가

면접자의 의사결정 과정상 차이는 크게 정보활용과 면접 타당도에 있어서의 면접자간 차이로 나타난다. 면접자에 대한 실증적 연구결과에 따르면 면접자의 개인적인 차이는 면접자의 채용결정과 지원자 평가에 대한 분산(variance)의 상당 부분을 설명한다 (Graves and Powell, 1996).

〈표 4-1〉 면접자 차이에 대한 연구결과

1. 정보활용에 있어서의 차이
   - 정책포착(Policy capturing) 방법을 이용한 Graves와 Karren(1992)의 연구는 지원자를 판단하는 5개의 준거를 결합하는 데 있어 29명의 모집자가 13개 방식으로 결합한다는 것을 보여준다.
   - Kinicki 등(1990)은 면접자가 지원자를 판단하는 데 있어 면접인상과 자격요건에 대한 상대적 중요성을 서로 다르게 부여함을 발견했다.

2. 면접 타당도에 있어서의 차이
   - Dougherty, Ebert 그리고 Callender(1986)의 연구에서 60여 명의 지원자에 대해서 3명의 면접자가 직무성과를 예측하는 타당도는 0.2에서 0.26의 범위를 보였으며 오직 한 명만이 유효한 예측을 행하였다.
   - Kinicki, Lockwood, Hom 그리고 Griffeth(1990)의 연구에서 3명의 면접자가 조직몰입(organizational commitment)과 만족을 예측하는 서로 다른 타당도를 보였지만 성과와 근속(retention)을 예측하는 타당도는 비슷했다.
   - Dipboye 등(1990)의 연구에서 종업원의 성과를 예측하는 데 있어 5명의 면접자는 .02 에서 0.25 사이의 타당도를 보였으며 그 중 오직 2 명만이 타당한 판단을 보였다.
   - Gehrlein 등(1993)의 대학입학면접에 관한 연구에서 6명의 면접자 중 오직 2명만이 학생의 학업성적에 대한 타당한 예측을 하였다.

3. 면접자간 차이를 발생하게 하는 요인들

면접은 지원서류 검토, 면접실시, 지원자에 대한 정보의 수집과 평가, 그리고 최종의사결정 등으로 구성된 다단계 과정(multi-stage process)이다. 면접자는 각각의 면접과정에 있어서 정보처리를 하여야 한다. 따라서, 면접자간 개인적 차이는 서로 다른 면접처리

과정으로 나타나고 궁극적으로 면접 결과에 대한 타당도 차이로 결과되어진다.

<그림 4-1>에서 보여지는 것처럼, 면접자의 배경, 인지 구조(cognitive structure), 면접 상황의 인식, 그리고 면접자 행동 등이 면접자간 정보처리과정상 차이를 유발할 수 있다. 면접자간 최종 의사결정 나아가서는 면접의 효과성의 차이는 이러한 정보처리 과정상에서의 차이에 기인한다고 볼 수 있다.

〈그림 4-1〉 면접 효과성 차이를 유발하는 면접자 차이들

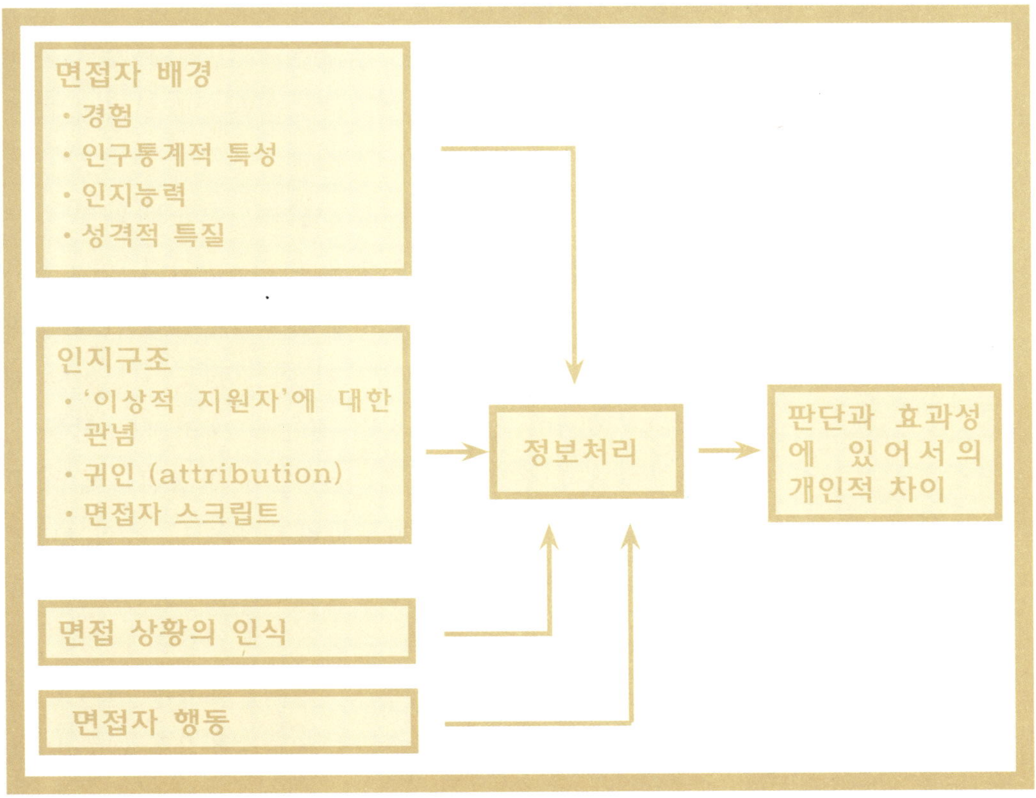

1) 면접자 배경

(1) 경 험 경험에 있어서 면접자간 차이는 면접자의 의사결정 과정상 차이를 결과할 수 있다. 특정 활동에 대한 경험이 쌓일수록 개인들의 인지구조는 점점 커지고 복잡해진다(Lord and Foti, 1986; Wagner and Sternberg, 1985). 경험있는 개인의 풍부한 인지구조는 정보처리 필요성을 감소시키고 문제를 효과적으로 분류하여 신속히 해결책을 식별하게 한다(Lord and Maher, 1990). 따라서, 경험있는 면접자는 지원자를 신속히 분류하여 채용 여부를 결정할 수 있는 구체적인 인지구조를 지닐 수 있다. 이상의 논리를 바탕으로 볼 때 면접경험 자체가 면접의 타당도를 높인다고는 볼 수 없으며 면접경험이 면접자의 인지능력을 강화시킬 경우에만 면접의 타당도를 높인다고 볼 수 있다.

(2) 인구통계적 특성 인종, 연령, 성, 그리고 교육적 배경 같은 면접자 특성 또한 면접자의 판단에 영향을 미칠 수 있다. 면접자와 지원자 사이의 인구 통계적 유사성(similarity)이 면접 결과에 영향을 미칠 것으로 예상은 되지만 영향 정도가 어느 정도 되는지에 대해서는 연구들마다 차이가 있어 일반적 결론을 내리기는 힘들다. 불행하게도, 면접자와 지원자 사이의 유사성이 면접결과에 영향을 미친다면 면접결과가 지원자의 직무관련 능력이나 스킬보다는 면접자의 지원자에 대한 선호를 반영하는 것이 되기 때문에 오류(error)의 원인이 된다.

(3) 인지능력 인지능력에 있어서 면접자간 차이는 면접의 타당도에 영향을 미칠 수 있다. 예를 들어, 인지 복잡성(cognitive complexity), 또는 다수의 개념에 대해서 정보를 동시적으로 추출할 수 있는 능력은 면접자가 면접을 실시하는 동안 지원자에 대해서 다양한 측면에 대한 정보를 추출하고 통합할 수 있는 능력에 영향을 끼칠 수 있다. 마찬가지로 인지 유형(cognitive style)도 면접자 판단의 질에 영향을 미칠 수 있다. 인지 유형은 개인이 분석적(관찰 대상을 부분으로 나누어 분석하는 것), 또는 직관적(대상을 전체적으로 조망하는 것)이냐를 의미한다(Hunt, Krzystofiak, Meindl and Yousry, 1989). 지원자를 다차원적으로 평가하는 분석적 면접자는 지원자에 대해 전반적으로 판단하는 직관적 면접자보다 더 정확할 수 있다(Cardy and Kohoe, 1984).

2) 인지 구조

(1) 이상적 지원자에 대한 관념 면접자들의 이상적 지원자에 대한 관념은 지원자가 지녀야 할 특성이나 행동을 규정한다. 면접자들은 특정 직무에 대하여 이상적 종업원에 대한 모형을 개발하지만 이런 모형들은 차원, 수, 내용, 비중 등에 있어서 매우 다르다. 면접자의 이상적 지원자에 대한 모형의 차이는 면접 과정 내내 면접자들로 하여금 서로 다른 기준을 강조하게 하여 최종 결정에 있어서도 차이가 나게 한다.

(2) 귀 인 지원자의 특성에 대한 추론을 확인하기 위해서 면접자는 지원자의 면접행위를 상황요인 또는 기질요인으로 돌린다(Dipboye, 1992). 지원자의 행위를 어디에 귀인시키는가는 면접 타당도에 있어서 차이를 발생시킬 수 있다. 즉, 지원자의 특정 행동을 지원자의 능력, 노력, 운 중 어디에 귀인시키는가에 따라 면접자의

평가가 달라질 수 있다.

(3) 면접자 스크립트 면접자의 스크립트는 적절한 면접과정을 정의하고 면접 과정 동안 면접자의 행위를 안내하는 역할을 한다(Lord and Foti, 1986). 면접에 대한 면접자 스크립트는 면접 준비, 지원자를 맞아들이고 관계를 형성(rapport)하는 일, 직무관련 질문, 지원자 질문에 응답, 그리고 면접 마무리 등으로 구성되어 있다(Tullar, 1989). 면접에 대한 면접자의 이러한 스크립트는 면접자와 지원자의 행위에 영향을 미쳐 면접 결과의 타당도에 영향을 줄 수 있다.

3) 면접 상황의 인식

면접 목적, 잘못된 의사 결정으로 인한 비용, 의사결정에 대한 책임감, 과업 명료성(예를 들면, 충원되어야 할 직무에 대한 지식) 그리고 신속한 의사결정에 대한 압력 등과 같은 환경적 요소는 면접자의 의사결정 과정과 효과성에 영향을 준다. 예를 들어, 채용압력을 받는 면접자는 지원적 방식으로 면접을 진행하고 관대한 판단을 내리는 경향이 있다(Dipboye, 1992). 면접상황에 대해서는 제7장에서 자세히 논의될 예정이다.

4) 면접자 행동

면접자의 질문 스타일과 비언어적 행동은 지원자에게 영향을 주어 면접자가 지원자로부터 얻는 정보의 양에 영향을 준다(Dipboye and Macan, 1988). 질문을 능숙하게 하고 탐색적 질문을 하는 면접자는 그렇지 않은 면접자보다 지원자로부터 더 많은 정보를 얻을 수 있다(Dreher and Sackett, 1983). 더욱이, 비언어적 행동을 능숙하게 하는 면접자는 지원자와 관계형성을 쉽게 하여 지원자로부터 긴 응답을 이끌어낼 수 있어 상대적으로 지원자에 대한 정보를 더 많이 끌어낼 수 있다(Matarazzo, Wiens and Saslow, 1965).

5) 정보 처리

지금까지 논의한 모든 요소들은 면접자간 정보처리의 차이를 유발한다. 더욱이, 면접자들은 면접에서 얻어진 정보를 통합하는 능력에 있어서도 차이가 있다.

6) 요 약

지금까지 면접의 효과성에 있어서 면접자간 개인적 차이를 발생하게 하는 요인을 살펴보았다. 면접자의 효과성에 영향을 미치는 요인으로는 면접자 배경, 인지 구조, 면접상황의 인식, 면접자 행동 그리고 정보처리 등을 들 수 있다.

제 2 절 면접자의 평정오류는 왜 발생하는가

면접자의 평정오류는 지원자 속성, 면접자 속성 그리고 시스템적 속성이 서로 상호작용하는 과정에서 발생한다. 이미 언급한 바와 같이 면접자의 가치관, 인지능력, 정보활용방법 등은 면접결과의 타당도에 영향을 미친다. 또한 지원자의 성, 연령, 외모, 태도 등과 같은 속성은 면접자의 속성과 상호작용하여 면접결과에 영향을 미친다. 즉 면접자는 지원자의 개인적 속성을 이미 학습된 연관관계를 통하여(예를 들면 면접자는 여성 지원자의 평균 근속연수가 남성 지원자보다 짧다고 생각할 수 있다) 정보자극(information cue)을 해석하고 이에 근거하여 의사결정을 내릴 수 있다. 따라서 조직은 면접자의 평정오류 가능성을 최소화할 수 있도록 신중하게 면접자를 선발하고 훈련하여야 하며 면접에 방해되지 않도록 상황적 요인을 설계하여야 한다.

1. 개인적 반응과 인상에의 의존

직무성과를 정의할 수 없는 면접자는 지원자의 직무성과를 측정하기 어렵다. 무엇을 평가해야 할지 모르는 면접자는 의사결정에 대한 근거가 없기 때문에 개인적 반응과 인상에 의존하게 되고 지원자의 개인적 특성이나 인간관계 스타일에 초점을 맞추는 경향을 보인다. 이러한 면접자의 개인적 반응은 직무성과와 연계되지 않을 뿐만 아니라 주관적 결정을 야기하기 때문에 직무성과를 예측하지 못한다.

어떤 면접자는 '조직문화에 맞는 사람' 또는 '좋은 성격을 지닌 사람' 등을 선발하겠다고 말한다. 이러한 특성은 효과적인 직무수행에 영향을 주는 요소일 수는 있지만 면접자가 주관적으로 판단하는 특성이어서 잘 정의되지 못한다. 특정 지원자를 '조직 문화에 맞는 사람' 또는 '올바른 성격을 지닌 사람'이라고 판단하기 위해서는 객관적이고 구체적인 행동으로 정의할 수 있어야 한다. 그렇지 않으면 '유사성'(similar-to-me)오류를 범할 위험이 크다. 이 오류는 면접자가 유사한 배경이나 경험에 근거하여 지원자를 판단할 때 발행하는데 지원자의 직무수행능력과 무관하기 때문에 선발의 타당도를 떨어드린다.

〈표 4-2〉 면접자 반응이 면접에 미치는 영향

면접자 반응에의 영향 요인	면접에의 영향
비언어적 의사소통(non-verbal communication)	아래를 바라보는 지원자에 비해 정면을 바라보는 지원자는 보다 기민하고 적극적이며 믿을 만하다고 평가된다.
신체적 매력	매력적인 지원자는 높은 평정을 받는다
유사성(similarity)	유사성은 태도, 관심, 성 또는 집단소속 등에 기초하여 지각될 수 있는데 직무와 관련이 없는 경우에는 평정오류를 유발시킬 수 있다. 이는 면접자가 자신과 비슷하게 지각되는 지원자에게 긍정적인 평가를 내리고 지원자에 대한 추가적 정보를 더 이상 활용하지 않기 때문이다.
호의성(likability)	면접자는 자신이 좋아하는 지원자를 보다 긍정적으로 평가한다. 즉 인간관계적 매력은 면접자의 지원자 자격요건을 지각하는 데 영향을 미친다.

2. 평가기준으로 지원자 활용

면접자는 개인적 인상에 의존하지 않더라도 지원자를 이용하여 선발기준을 설정하는 오류를 범하기 쉽다. 면접자가 면접 전에 채용기준을 설정하지 않는다면 면접자는 소위 '대비오류'(contrast error)에 의해 채용결정을 내릴 수 있다. 대비오류는 면접자가 지원자를 다른 지원자와 비교할 때 발생한다. 예를 들어 여러 지원자를 면접한 후에 면접자가 가장 최적의 응답을 한 지원자 A가 가장 낫다고 판단하여 A를 선발했다고 가정하자. 이것은 지원자에 대한 타당한 개인적 반응일 수는 있어도 채용의 이유로 활용하는 것은 부적절하다. 지원자 A도 직무성과 기준에 비추어 볼 때 충분하지 않을 수 있기 때문이다. 면접자는 개별 지원자의 응답을 다른 지원자가 아닌 객관적인 기준, 즉 직무성과와 연관된 기준과 비교하여 판단하여야 한다. 이런 비교를 통해 직무능력이 있는 것처럼 보이지만 실재로는 능력이 모자라는 지원자를 채용하는 오류를 피할 수 있다.

3. 불완전하거나 비직무관련 정보에의 의존

위에서 논의한 문제점은 면접자가 무엇을 기준으로 삼아야 할지 모를 때 발생한 오류다. 또 다른 문제점으로 불완전하거나 비직무관련 정보를 활용할 때 발생하는 오류가 있다. 고정관념(stereotyping)은 면접자가 지원자의 다른 특성 때문에 지원자가 특정 행동을 하거나 하지 않을 것이라고 가정함으로써 발생하는 판단 오류다. 예를 들어 면접자가 엔지니어 학위를 지닌 지원자를 단지 엔지니어이기 때문에 다른 사람과 효과적으로 의사소통을 못하고 팀웍이 부족할 것이라고 판단하는 경우다.

긍정적 고정관념도 채용결정에 영향을 미칠 수 있다. 영업직 지원자가 과거에 유명한 회사에서 일했기 때문에 고객을 잘 다룰 것이라고 판단하는 것이 그 예이다. 지원자가 명문대학을 나왔기 때문에 일을 잘 할 것이라고 생각하고 채용하는 것도 긍정적 고정관념의 하나다.

〈표 4-3〉 비직무관련 정보에 의존한 평정오류

면접자 반응에의 영향 요인	면접에의 영향
이상적 고정관념 (idea, stereotyping)	면접자는 자신의 이상적 지원자에 대한 고정관념(stereotyping)을 가지고 있고 이에 근거하여 지원자를 판단한다. 개별 면접자는 서로 다른 정형화를 가질 수 있고 일단의 면접자가 공통의 정형화를 가질 수도 있다
호의적 정보	면접자는 지원자에 관한 긍정적 정보보다 부정적 정보에 더 많은 비중을 둔다. 또한 면접자가 이미 호의적 의사결정을 내렸다면 지원자에게 직무나 회사에 대한 정보를 더 많이 이야기한다.
정보활용	면접자들은 동일한 정보내용에 대해 서로 다른 중요성(비중, weighting)을 부여하여 결과적으로 독특한 정보비중전략(idiosyncratic information-weighting strategies)을 채택하는 결과를 낳는다. 또한 면접자가 의도한 비중과 실제 의사결정에 이르는 비중 사이에는 자주 차이가 발생한다.

4. 지원자의 인상관리

지원자는 면접을 하는 동안 자신의 인상을 관리하기 위해 많은 인상관리 행동(Impression Management Behavior)을 한다. 인상관리 행동은 자기홍보(self-promotion)와 같은 언어적 표현, 미소와 같은 비언어적 행동, 그리고 적당한 복장과 같이 외모에 변화를 주는 행동 등을 예로 들 수 있다.

많은 연구들이 가장 영향력이 큰 '언어적 인상관리행동'에 초점을 맞춰 왔는데 언어적 인상관리 행동은 호의적 이미지를 만들기 위해 사용되는 공격적인(assertive) 행동과 자신의 이미지를 방어하기 위해 사용되는 방어적(defensive) 행동으로 나눌 수 있다. 지원자의 인상관리 행동과 그 정의는 제6장에서 자세히 다룰 예정이다.

지원자의 인상관리 행동은 지원자에 대한 면접평가에 긍정적으로 영향을 미치는데 인상관리가 직무와 관련된 스킬이 아닌 한 이러한 영향은 면접자의 편견을 유발하여 면접의 타당도를 떨어뜨릴 수 있다. 예를 들어 지원자의 인상관리 행동은 면접자의 기분을 좋게 하거나 또는 지원자의 직무관련 특성에 대한 면접자의 인상에 긍정적으로 작용함으로써 면접자의 평정오류를 유발할 수 있다.

이러한 평정오류를 방지하기 위해 두 가지 방법이 고려될 수 있다. 첫째 구조적 면접을 통해 지원자의 인상관리 행동의 사용과 영향을 줄인다(Posthuma, Morgeson & Campion, 2002). 둘째 면접자에게 충분한 교육을 제공하고 면접경험이 풍부한 면접자를 선택함으로써 인상관리 행동의 효과를 감소시킬 수 있다(Gilmore & Ferris, 1989; Kacmar 등, 1992).

5. 시스템적 오류

스트레스, 주변소음, 시간압박, 결정에 대한 책임 등과 같은 면접 상황은 면접자가 정보에 집중하는 정도에 영향을 미친다. 면접자가 면접 전에 지닌 정보의 양 또한 면접의사결정에 크게 영향을 미친다. 면접자가 직무에 대한 정보를 거의 가지고 있지 않다면 직무요건에 대해 잘못된 가정에 근거하여 잘못된 의사결정을 내릴 수 있다. 즉 직무에 대한 정보가 없는 면접자는 직무에서 무엇이 요구되는지에 대해 자신의 가정에 의존할 수밖에 없고(이러한 가정은 면접자마다 서로 다를 수 있다) 또한 직무와 관련없는 정보를 수집하여 의사결정에 활용할 가능성이 크기 때문에 평정오류가 발생할 수 있다. 평정오류를 유발하는 상황적 속성에 대해서는 제7장에서 자세히 다룬다.

제 3 절 어떤 면접자를 선택해야 하는가

면접자의 개인적 차이는 지원자에 대한 평가와 채용결정의 차이로 이어진다. 따라서 채용담당자는 신중하게 면접자를 선발해야 한다.

1. 면접자를 선택하는 기준

면접자를 선택하는 일반적인 기준으로는 '관찰을 유용한 평가로 전환할 수 있는 능력'과 '정확한 평가를 하고자 하는 동기' 두 가지를 들 수 있다.

1) 관찰을 유용한 평가로 전환할 수 있는 능력

고용면접이 선발도구로써 유용하게 활용되기 위해서는 면접자가 면접의 목적을 이해하고 지원자에 대한 정보를 기초로 정확한 평가를 할 수 있어야 한다. 정확한 평가를 하기 위해서 면접자는 우선 지원자가 지원한 직무의 내용은 물론 조직이 요구하는 지원자 특성 또한 명확히 이해해야 한다. 그러나 많은 경우 면접자는 지원자의 직무를 잘 알지 못하거나 추상적으로 이해하고 있는 경우가 많다. 이를 보완하기 위해서 조직은 면접자에게 구체적인 행위나 예를 제시함으로써 평가기준을 명확히 할 수 있다. 기준이 구체적이고 명확할수록 면접자가 자의적 판단을 할 여지가 줄고 따라서 일관성있게 평가기준을 적용할 수 있다.

2) 정확한 평가를 하고자 하는 동기

고위경영자, 상급자 같은 면접자에게 면접은 그들이 수행하는 다양한 업무 중 하나인 경우가 대부분이다. 따라서 그들은 종종 면접자로서의 역할을 소홀히 여기고 제대로 수행하지 못할 수 있다. 또는 조직의 목적과 달리 개인적 목표나 자신의 취향에 의해 지원자를 평가하기도 한다. 일반적으로 면접자가 고용면접의 중요성을 인식하지 못하거나 조직이 면접자를 충분히 보상하지 않는다고 느끼면 면접자는 조직 목표보다 자신의 취향에 따라 지원자를 평가하는 경향을 보인다. 따라서 조직은 면접자에게 고용면접의 중요성을 사전에 충분히 인식시키고 정당한 보상을 받을 수 있다는 느낌을 가지도록 해야 한다.

이런 일반적 조건 이외에도 연구자들은 면접자가 지녀야 할 특징에 대해서 다양하게 제시하고 있다. Dipboye(1992)는 좋은 면접자의 자질로 정확히 평가하고자 하는 동기(motivation to be accurate) 이외에도 언어 추리력(verbal reasoning), 지능(intelligence), 청취스킬(listening skill), 자기통제(self-monitoring), 비언어적 행동을 해독할 수 있는 능력(ability to decode nonverbal behavior) 등을 제시하고 있다.

2. 면접자의 개인적 차이를 줄이는 방법: 훈련, 경험 그리고 면접의 구조화

면접자에 대한 훈련과 면접자의 면접경험이 면접자의 행위와 면접결과에 미치는 효과에 대한 많은 실증적 연구들은 있어 왔다. 면접자 훈련은 방법과 성과차원에 따라 그 효과가 차이가 나는데 Werner(1991)는 중립적인 질문을 하도록 훈련받은 면접자는 덜 유도적이고 더 개방적인 질문을 하는 경향이 있다고 주장한 바 있고 Mattimore과 Balzer(1993)는 행동 모델링 훈련에 대한 연구에서 사실에 근거한 정보와 스킬을 배운 면접자는 더 정확한 평가를 한다고 결론내렸다.

면접자 경험에 대한 연구는 많지 않지만 경험많은 면접자는 지원자에 대한 평정점수를 낮게 주는 경향이 있으며 예상과는 달리 경험많은 면접자가 평정한 점수의 타당도가 상대적으로 떨어진다는 연구결과가 있다(Gehrlein, Dipboye, & Shahani, 1993). 이미 언급한 바와 같이 면접자의 경험에 인식의 복잡성이 함께 증가되지 않는다면 경험이 면접자의 의사결정을 개선시키지는 못하는 것으로 보인다(Dipboye and Jackson, 1999).

면접훈련이 면접자의 평정오류를 줄이고 지원자 성과를 예측하는 면접자의 능력을 강화시키려면 면접 훈련이 면접자의 행동을 실질적으로 변화시켜야 한다. 면접훈련을 통해 면접자의 행동이 변화되어야만 면접훈련이 면접 타당도를 증가시킨다고 말할 수 있기 때문이다. 많은 유명한 면접훈련 프로그램이 구조화된 면접을 실행하는 방법에 초점을 맞추고 있고 많은 연구자들이 구조화된 면접의 유효성을 주장하고 있는 것은 이와 무관하지 않다(Campion, Palmer, & Campion, 1997).

3. 실무적 제언

면접자의 개인적 차이는 면접의 타당도와 결과에 중요한 영향을 미친다. 따라서 채용담당자는 면접자를 신중하게 선발하고 충분히 훈련시켜야 한다. 면접자는 인간관계 스킬, 충원해야 할 직무와 자격요건에 대한 전반적인 지식을 가지고 있어야 하는 것은 물론 지원자에 대한 진실한 태도도 지녀야 한다. 면접자의 심리적 특성을 고려하여 인상관리 및 평정오류에 대한 훈련 또한 면접자에게 제공되어야 한다.

마지막으로 면접자의 인상관리 또한 면접의 중요한 요소 중 하나임을 기억해야 한다. 면접자의 주요 역할은 지원자의 능력을 측정하는 것이지만 지원자에게 면접자는 자신이 지원한 회사의 대표로 인식된다. 따라서 면접자는 인상관리를 통해 지원자의 선호와 동기를 강화할 필요가 있다. 우선 면접자는 적절한 복장을 갖추고 적절한 언어와 표정을 사용하여야 한다. 면접과정에서는 지원자에게 진정한 관심을 보이는 한편 전문적 태도와 행동을 유지하여야 한다. 필기(note-taking)가 필요한 경우에도 자주 지원자의 눈을 바라보도록 하며 머리를 끄덕이거나 멍하니 허공을 바라보는 행위는 지원자를 혼란에 빠뜨릴 수 있으므로 자제하여야 한다.

참고문헌

Campion, M. A., Palmer, D. K., & Campion, J. E. (1997). A review of structure in the selection interview. *Personnel Psychology*, 50, pp. 655–702.

Dipboye, R. L., Gaugler, B. B., & Hayes, T. L. (1990). Differences among interviewers in the incremental validity of their judgments. Paper presented in the annual meeting of the Society for *Industrial and Organizational Psychology*, Miami, FL.

Dipboye, R. L. (1992). *Selection Interviews: Process Perspectives*. Cincinnati, OH: South-Western.

Dipboye, R. L. (1994). Structured and unstructured selection interviews: Beyond the job-fit model. In G.R Ferris, *Research in Personnel and Human Resources Management*. Greenwich, CT: JAI, 12.

Dipboye, R. L., & Jackson S. J. (1999). Interviewer experience and expertise effects. In R. W. Eder, & M. M. Harris (Eds.). *The Employment Interview Handbook*. Thousand Oaks, CA: Sage, pp. 259–278.

Dipboye, R. L., & Macan, T. M. (1988). A process review of the selection/recruitment interview, In Schuler, R. S., Youngblood, S. A. and Huber, V. L. (Eds.). *Readings in Personnel and Human resource Management*, West, St. Paul, MN, pp. 217–232.

Dougherty, T. W., Ebert, R. J., & Callender, J. C. (1986). Policy capturing in the employment interview. *Journal of Applied Psychology*, 71, pp. 9–15.

Dreher, G. F., and Sackett, P. R. (1983). A close look at the interview process. In Dreher, G. F., and Sackett, P. R. (Eds.). *Perspectives on Employment Staffing and Selection: Readings and Commentary*, Irwin, Homewood, IL, pp. 323–332.

Ellis, A. P. J., West, B. J., Ryan, A. M., & DeShon, R. P. (2002). The use of impression management tactics in structured interviews: A function of question type? *Journal of Applied Psychology*, 87, pp. 1200-1208.

Gehrlein, T. M., Dipboye, R. L., & Shahani, C. (1993). Nontraditional validity calculations and differential interviewer experience: Implications for selection interviews. *Educational and Psychology Measurement*, 52, pp. 457–469.

Gilmore, D. C., & Ferris, G. R. (1989). The effects of applicant impression management tactics on interviewer judgments. *Journal of Management*, 15, pp. 557–564.

Graves, L. M., & Karren, R. J. (1992). Interviewer decision processes and effectiveness: An experimental policy-capturing investigation. *Personnel Psychology*, 45, pp. 313–340.

Graves, L. M., & Powell, G. N. (1996). Sex, similarity, quality of the employment interview and recruiters' evaluations of actual applicants. *Journal of Occupational and Organizational Psychology*, 69, pp. 243–261.

Kacmar, K. M., Delery, J. E., & Ferris, G. R. (1992). Differential effectiveness of applicant impression management tactics on employment interview decisions. *Journal of Applied Social Psychology*, 22, pp. 1250–1272.

Kinicki, A. J., Lockwood, C. A., Hom, P. A., & Griffeth, R. W. (1990). Interviewer prediction of applicant qualifications and interviewer validity: Aggregate and individual analyses. *Journal of Applied Psychology*, 75, pp. 477–486.

Lord, R. G. and Foti, R. J. (1986). Schema theories, information processing, and organizational behavior. In Sims, H. P. and Gioia, D. A. (Eds.). *The thinking Organization: The Dynamics of Organizational Social Cognition*, Jossey-Bass, san Francisco, pp. 20–48.

Matarazzo, J. D., Wiens, A. N. and Saslow, G. (1965). Studies of interview speech behavior. In Krasner, L and Ullman, L. P. (Eds.). *Research in Behavior Modification*, Holt, Reinhart, & Winston, New York.

Mattimore, K., Balzer, W. K. (1993, May). Behavior modeling training of interviewing skill: Development and evaluation. Paper presented at the annual conference of the *Society for Industrial and Organizational Psychology*, San Francisco, CA.

Posthuma, R. A., Morgeson, F. P., & Campion, M. A. (2002). Beyond employment interview validity: A comprehensive narrative review of recent research and trends over time. *Personnel Psychology*, 55, pp. 1–81.

Stevens, C. K., & Kristof, A. L. (1995). Making the right impression: A field study of applicant impression management during job interviews. *Journal of Applied Psychology*, 80, pp. 587–606.

Tullar, W. L. (1989). Relational control in the employment interview. In Eder, R. W. and Ferris, G. R. (Eds.). *The Employment Interview: Theory, Research, and Practice*, Sage, Newbury Park, CA. pp. 233–246.

Werner W. (1991). The impact of interviewer training on questioning strategies for use in the employment interview. (Doctoral dissertation, Hofstra University, 1990). *Dissertation Abstracts International*, 51, 5624.

제 5 장

면접의 시스템적 특징

제5장 면접의 시스템적 특징

면접 구조를 어떻게 정의하느냐는 면접의 타당도와 신뢰도를 연구하는 연구자에게는 물론 면접을 설계하고 운영하는 실무자에게도 이해의 틀을 제공한다는 점에서 매우 중요하다. 그러나 면접 구조가 무엇인지에 대해서 기존 연구자들이 일치된 견해를 가지고 있는 것은 아니다. Campion, Palmer 와 Campion(1997)는 면접구조를 서로 밀접한 관계를 갖는 두 개의 범주, 즉 면접 내용과 평가로 나눈 바 있고 Conway 등(1995)은 면접 질문 표준화와 지원자 응답의 평가에 있어서 표준화 수준을 좀더 세분화하여 면접구조를 설명한 바 있다. Dipboye, Wooten와 Halverson(2004)는 면접구조의 범주를 좀더 발전시켜 면접 개발부터 진행 그리고 취합된 정보활용 등의 면접과정을 (1) 면접의 직무연관성, (2) 과정의 표준화 그리고 (3) 지원자를 평가하기 위한 정보의 구조적 사용 등 3가지 차원으로 설명하였다. 이처럼 구조를 다양한 차원에서 파악하는 경우 면접구조를 좀더 포괄적으로 개념화할 수 있다는 장점이 있다. 면접질문이나 평가방법 등 면접의 다양한 차원은 면접구조화 수준을 결정하는 데 각각 기여할 수 있기 때문이다.

본 장에서는 구조적 면접과 비구조적 면접의 차이점을 통해 구조적 면접의 장점을 설명하되 면접 시스템을 좀더 포괄적으로 파악

〈그림 5-1〉 면접 시스템의 구성차원

하기 위해 (1) 질문개발의 직무관련성, (2) 면접과정의 구조화 정도, (3) 질문내용 등 3가지 차원에서 면접의 시스템을 설명하고자 한다.

동일한 면접자가 동일한 순서로 동일한 질문을 행하고 면접자가 탐색적 질문을 추가하지 않으며 지원자로부터의 질문 또한 허용하지 않는다면 이는 면접과정의 구조화 수준이 매우 높은 것이라고 할 수 있다. 반면 동일한 면접자가 동일한 순서로 동일한 질문을 하지만 면접자의 재량에 의해 탐색적 질문을 추가하거나 지원자로부터의 질문을 허용한다면 이는 중간 정도의 구조화라고 할 수 있다. 마지막으로 면접자가 자유 재량에 의해 사전에 준비된 질문을 하고 탐색적 질문을 추가하며 지원자로부터의 질문의 허용 여부 또한 면접자의 자유재량에 맡긴다면 이는 비구조적 면접이라고 할 수 있다. 전통적 면접에서는 비구조적 면접형태를 취하는 것이 보통이다.

〈그림 5-2〉 면접 구조의 유형

제 1 절 구조적 면접과 비구조적 면접

1. 비구조적 면접(전통적 면접)

비구조적 면접은 미국이나 유럽에서뿐만 아니라 우리나라에서도 가장 널리 사용되고 있는 선발기법 중 하나다. 비구조화된 전통적 면접은 개방형(open-ended) 질문, 개별화된 질문 그리고 면접자와 지원자의 대화로 특징지을 수 있는데 주로 다루어지는 질문의 예는 <표 5-1> 및 <표 5-2>와 같다.

이상의 질문들은 전통적 면접에서 자주 사용되는데 그 이유는 면접자들에게 친숙하고 그럴 듯하게 보이기 때문이다. 그러나 전통적 면접 질문은 일반적으로 직무분석에 근거하지 않기 때문에 다음과 같은 이유에서 직무역량을 측정하는데 부적절하다.

첫째, 추상적 질문은 면접자가 지원자의 응답을 주관적으로 판단하게 함으로써 면접자가 지원자를 서로 비교하는 것을 어렵게 한다. 예를 들어 '어떤 리더가 훌륭한 리더입니까?'라는 질문에 대해 부하에 대한 배려가 큰 사람, 목표지향적 사람, 부하의 업무를 잘 지도하는 사람, 팀웍을 강조하는 사람 등 다양한 응답이 가능하다. 또한 훌륭한 리더의 자질은 상황에 따라 달라질 수 있으며 이런 질

〈표 5-1〉 전통적 면접에서의 질문 예

- √ 당신은 우리 회사에 어떻게 기여할 수 있는가?
- √ 왜 경쟁사가 아닌 우리 회사를 선택하였습니까?
- √ 왜 당신은 우리 회사에 잘 맞을 것이라고 생각합니까?
- √ 훌륭한 팀원의 구성요소는 무엇이라고 생각하십니까?
- √ 어떤 리더가 훌륭한 리더입니까?
- √ 당신에 대해 말해 주십시오.
- √ 직장생활을 하면서 당신이 겪은 가장 큰 실패에 대해 말해 주십시오.

〈표 5-2〉 베이커의 12개의 응답하기 어려운 질문들

- √ 당신의 최대 강점은 무엇인가?
- √ 당신의 최대 약점은 무엇인가?
- √ 당신이 실패했을 때의 예를 들어보시오
- √ 5년 후 당신은 어떤 상황에 있을까요?
- √ 당신은 왜 현재의 직장을 떠나길 원하십니까?
- √ 당신은 왜 직무(또는 회사)에 지원했습니까?
- √ 만약 당신이 대학을 다시 시작한다고 가정하면 무엇을 다르게 행동하겠습니까?
- √ 당신은 무엇이 전문가를 만든다고 믿습니까?
- √ 당신의 대학의 평균학점이 이 직무를 얼마나 성공적으로 수행하는가에 대한 예측이라고 믿습니까?
- √ 이 직무로부터 당신이 기대하는 가장 중요한 보상은 무엇입니까?
- √ 당신은 어떻게 경력을 선택하였습니까?
- √ 당신은 어떠한 직무상 문제에 당면했습니까?

문에 면접자가 원하는 대답을 한 응답자라도 반드시 리더십 역량을 가지고 있다고 말할 수는 없다. 결국 추상적 질문을 하는 면접자는 실제 역량보다는 말을 잘하는 지원자를 선발할 위험이 있다.

둘째, 준비된 지원자의 인상관리 전략에 취약하다. '당신 자신에 대해 말해보시오'라는 면접 질문에 대해 지원자가 직무에 부적절한 자신의 결함을 솔직하게 말했다고 가정해보자. 지원자는 단지 면접 경험이 부족했기 때문이지만 면접자는 이런 질문이 직무 역량을 효과적으로 측정한다고 오해하여 지원자의 직무역량을 낮게 평가할 수 있다. 반대로 직무와 관련된 스킬은 부족하지만 면접에서 어떻게 효과적으로 인상을 관리하는지 아는 지원자는 자신의 약점을 교묘히 장점으로 전환시켜 지원자의 직무 역량은 과대평가될 수 있다. 즉 지원자는 면접중에 단점을 숨기고 강점을 과장할 수 있으며 면접자는 여기에 속을 수 있다. 만약 면접자가 '당신의 약점을 무엇입니까?'라고 질문한다면 '나의 약점은 도둑질하는 것입니다' 또는 '나는 부하를 정신적으로 학대합니다'라고 대답할 지원자는 거의 없을 것이다. 준비된 지원자는 자신의 약점을 강점으로 전환시키는 전략을 사용하여 '나는 일에 너무 몰두합니다' 또는 '품질에 너무 신경을 씁니다' 등의 응답으로 단점을 숨길 수 있다. 이런 유형의 질문에 의해 채용한다면 면접자는 완벽해 보이던 지원자가 채용 후 직무를 잘 수행하지 못하는 것을 보고 놀랄 수도 있다.

이와 같이 '전문적 지원자'는 면접을 통제함으로써 다양한 이점을 취할 수 있다(Tullas, 1989). 전문적 지원자는 직무에 관심이 있고 조직을 배려한다는 인상과 함께 잘 준비된 능력있는 지원자라는 인상을 준다. 만약 면접자가 직무와 조직에 대해 구체적 질문을 했을 때 지원자가 회사에 대한 사전 조사를 통해 얻은 지식을 통해 적절한 대답을 했다면 면접자는 지원자를 능력 있고 동기가 큰 사람이라고 결론내릴 수 있다. 면접 질문에 적절한 대답을 하는 지원자는 면접을 어떻게 준비해야 하는지 알고 있지만 실제로 직무와 관련된 역량은 가지고 있지 않을 수도 있다.

셋째, 지원자에 대한 정확한 정보를 수집할 수 없다. 면접자가 사전에 질문과 면접과정을 철저히 준비해 오지 않는 경우 지원자가 면접과정을 통제하면서 면접자에게 오히려 더 많은 질문을 할 수 있다. 이러한 경우 면접자가 지원자의 역량을 측정할 시간이 부족해져 면접자가 정확한 정보를 수집할 가능성이 적어진다.

또한 지원자가 자신의 강점 또는 약점을 솔직히 말하더라도 면접자가 지원자를 평가할 기준이 없다. 한 측면에서의 약점이 다른 측면에서 강점이 될 수 있기 때문이다. 예를 들어 지원자가 '나는 부하의 사정을 너무 봐줍니다'라고 대답한 지원자는 부하에 대한 배려가 강할 수 있지만 동시에 업무추진력이 떨어질 수 있다. 어떤 유형의 질문은 때로 옳고그름을 판단할 수 없다. 예를 들어 '당신의 역할 모델은 누구입니까' 또는 '당신이 가장 존경하는 사람은 누구입니까?'라는 질문에는 옳고그름을 판단할 수 없다. 더욱 중요한 것은 이런 질문에 대한 지원자의 응답에서 직무와 관련된 역량을 도출하기 어렵다는 것이다.

또 다른 문제점은 면접자가 지원자의 대답보다는 면접 질문에 더 신경을 쓸 수 있다는 것이다. 그 결과 면접자는 지원자의 응답들이 서로 모순된다는 것을 인식하지 못할 수 있다. 예를 들어 지원자의 동기를 측정하기 위해서 '지금부터 10년 후에 당신은 무엇을 하고 싶습니까?'라고 물었다고 가정하자. 한 지원자는 '나는 부사장이 되고 싶다'고 응답한 반면 다른 지원자는 '확실하지 않습니다. 나는 계속 학습할 수 있는 직무를 수행하고 싶습니다'라고 대답할 수 있다. 부사장이 되겠다는 지원자의 동기가 높아 보일 수 있지만 이 지원자는 직무수행을 열심히 할 의사 없이 단지 부사장이 되겠다는 바람만 있을 수 있다. 따라서 이런 질문은 불행히도 동기를 측정하는 데 부적절하다.

마지막으로 전통적 면접질문은 이상적 상황에 근거할 수 있다. '당신의 이상적 직업은 무엇입니까?' 또는 '당신의 이전 직무에서 좋은 측면과 나쁜 측면은 무엇입니까?'라고 묻는 질문은 지원자의 선호와 충원되어야 할 직무의 내용을 상호 비교함으로써 직무수행에 필요한 지원자를 선발하려는 의도를 가진다. 지원자가 채용되어야 할 직무와 맞지 않는 '이상적 직무'를 기술한다면 면접자는 지원자가 충원되어야 할 직무를 좋아하지 않을 것이고 성과도 낮을 것이라고 결론지을 수 있다. 그러나 많은 직원이 그렇듯이 이 지원자 또한 이상적이지 않은 직무지만 즐기면서 오래 동안 일한 경험이 있을 수 있다.

위에서 언급한 비구조적 면접의 단점, 즉 면접 타당도가 떨어지는 이유를 정리하면 다음과 같다.

〈표 5-3〉 비구조적 면접의 타당도가 낮은 이유

① 면접내용이 일관성있게 다루어지지 않는다. 즉 면접자는 각 지원자에게 다른 질문을 하거나 지원자의 동일한 응답을 다르게 평가할 가능성이 있다.
② 면접자의 태도와 성향 등 개인적 차이가 지원자의 반응을 평가하는데 영향을 미친다.
③ 지원자의 인종, 성, 그리고 장애가 면접 결정에 영향을 미친다.
④ 면접자는 긍정적 정보보다 부정적 정보에 의해 더 영향을 받아 부정적 편향(negativity bias)(Dipboye, 1992)을 갖는 경향이 있다. 이 점에 대해서는 제8장에서 자세히 논의될 것이다.
⑤ 면접자는 지원자를 판단하는데 초기인상을 사실적 정보보다 더 중요하게 생각하여 면접초기에(통상 처음 4분 이내)에 최종결정을 내린다. 즉 성급하게 판단을 내리는 경향이 있다. 이 점에 대해서는 제8장에서 자세히 논의될 것이다.
⑥ 면접자가 지원자에 대한 긍정적 인상을 형성한 경우에는 면접자가 지원자보다 더 많이 말하는 경향이 있어 지원자에 대한 정보 수집이 어려워진다. 이 점에 대해서는 제8장에서 자세히 논의될 것이다.

이러한 단점에도 불구하고 전통적 면접은 다양한 이유에서 선호되고 있다. 첫째, 면접자는 이력서나 지원서를 검토한 후 자신이 필요하다고 생각하는 질문을 자유롭게 행할 수 있으며 지원자가 직무나 회사에 맞는지의 여부에 대해 개인적 판단을 내릴 수 있다. 둘째, 전통적 면접은 실시하기가 쉬우며 모집뿐만 아니라 선발 등에도 활용될 수 있다. 셋째, 전통적 면접은 안면타당도(face validity),[1] 즉 지원자들이 면접의 타당도가 있다고 생각하며 지원자에게 면접과 관련된 정보를 제공하기 쉽다.

1) 특정 측정치가 측정하고자 하는 특질을 표면적으로는 합리적으로 측정하고 있다는 신념이나 느낌.

2. 구조적 면접

1) 구조적 면접의 특징

면접 구조에 대한 실증 연구들은 구조적 면접에 근거하여 면접자가 한 판단이 비구조적 면접에 근거한 판단보다 직무성과를 더 잘 예측한다는 점을 보여주고 있다(Conway, Jako, & Goodman, 1995; Huffcutt & Arthur, 1994; Huffcutt, Conway, Roth & Klehe, 1998 등). 면접과정을 구조화함으로써 면접자가 행한 평가의 타당도와 신뢰도를 증가시킬 수 있다. 여기서 면접의 구조화란 면접자가 어떤 질문을 행할 것인가 또는 지원자의 반응을 어떻게 평가할 것인가에 대한 기준과 방법을 표준화함으로써 면접의 심리측정(psychometric) 특성을 강화하는 것을 의미한다.

2) 구조적 면접의 개발 절차

전통적 비구조적 면접의 면접자의 주관성(subjectivity), 편의(bias)에의 취약성, 그로 인한 낮은 타당도를 극복하기 위하여 연구자들은 면접과정을 구조화시킬 것을 제안하고 있다. 지금부터는 전통적 면접의 주관성과 비일관성을 줄이기 위하여 면접을 어떻게 구조화할 것인가를 살펴보기로 한다.

단계 1: 직무분석에 의한 질문 개발 면접뿐만 아니라 다른 선발도구(예를 들면, 지원서, 필기 시험, 작업 표본 시험 등)을 개발하기 위해서도 적절한 직무분석이 필요하다. 모든 면접질문은 직무와 관련이 있어야 한다. 즉 모든 면접질문은 직무 수행에 필요한 지식, 스킬, 능력, 그리고 기타 특성에 바탕을 두어야 한다. 직무와 관련이 있는 질문들은 내용 타당도뿐만 아니라 안면 타당도도 강화할 수 있다. 또한, 면접 질문들은 정확하고 모호하지 않아야 한다. 이를 위해서 소수집단의 구성원을 포함한 직무 전문가들이 독립적으로 질문 내용을 검토하는 것도 바람직하다. 면접 질문을 개발하는 구체적인 절차와 내용은 제5절에서 자세히 논의될 예정이다.

단계 2: 동일 질문 모든 지원자에게 동일한 질문을 행한다. 지원자가 요구시 질문을 반복할 수는 있지만 탐색적 질문(probing questioning)은 허용하지 않는다.

단계 3: 응답을 점수화하기 위해서 예가 딸린 평정 척도 개발 개별 질문에 대해서 우수(5), 보통(3), 미흡(1) 등과 같이 응답에 대한 정의나 예를 포함한 평정 척도를 개발한다. 이를 위해서 직무 전문가에게 서로 다른 직무수행의 정도를 알 수 있는 예시적 응답을 요구하는 것도 한 방법이다. 보다 간편한 방법은 직무를 잘 아는 전문가와 인사 담당자가 가능한 응답들을 생각해 내도록 하는 것이다. 실무에서는 가능한 응답들을 개발하기 위해서 위의 두 가지 방법을 동시에 활용하는 것이 보통이다. 이렇게 개발된 (잠재적)응답들을 직무수행의 정도에 따라 점수화하여야 한다. 사전에 결정된 응답평가 척도는 면접들간의 일관성과 지원자 반응 판단에 있어서 객관성을 강화할 수 있다. 그 외에도 응답의 예를 개발하는 과정은 질문들을 평가하는 데도 활용될 수 있다. 지원자가 거의 응답을 못하는 응답의 예는 질문을 재구성하거나 삭제할 필요성을 나타낸다. 평정척도의 내용과 유형에 대해서는 제3절에서 보다 자세히 논의될 예정이다.

단계 4: 면접 패널 활용 면접패널을 활용하는 것은 개별면접자가 지닐 수 있는 독특한 편향(bias)의 영향을 감소시킬 수 있다. 가능하다면 패널에는 직무를 분석하고 질문을 개발한 직무전문가를 포함하는 것이 좋다. 그리고 채용직무의 상급자와 인사담당자도 포함하는 것이 보통이다. 모든 면접에서 동일한 패널 구성원을 유지하는 것이 일관성을 위해서 바람직하다. 그러나 지원자가 너무 많거나 다른 이유(예를 들면, 면접자의 돌연한 사퇴)로 인하여 동일한 패널로 면접 전부를 실시하기 어려울 수도 있다. 패널은 직무내용, 질문과 응답, 면접과정, 그리고 평정오류를 회피하는 방법 등을 검토하기 위해서 미리 구성하는 것이 좋다(Latham, Wexley, & Pursell, 1975). 지원서는 평가에 영향을 주기 때문에 면접 전에 검토하게 해서는 안 된다(Tucker & Rowe, 1977). 패널 구성원들은 면접 동안 독립적으로 기록하고 평가를 한다.

단계 5: 모든 지원자에게 일관성 있게 면접 진행 동일한 면접 패널이 모든 면접을 실시하고 모든 질문을 행한다. 평가기준을 바꾸거나 지원자들을 서로 상대평가하는 것을 방지하기 위해서 패널 구성원들은 면접 사이에 질문, 응답 또는 지원자에 대해서 논의하면 안 된다. 주어진 직무에 대한 모든 면접이 완료된 후에 커다란 평정 차이는 논의될 수 있다(Thornton & Byham, 1982). 다수의 면접자가 한 명의 지원자에게 질문을 행하면 지원자는 상당한 스트레스를 받을 수 있다. 따라서 패널 면접자들은 면접이 가능한 한 지원자가 스트레스를 받지 않도록 진행될 수 있도록 노력하여야 한다(예를 들면, 패널 구성원의 소개, 편안한 면접 환경, 한 사람만이 모든 질문을 수행). 지원자는 공식적 면접이 끝난 후 인사 담당자와의 비평가적 면접에서 질문을 할 수 있다.

단계 6: 서류 정리 및 보관 직무분석 자료, 질문 개발절차, 지원자 별 반응과 점수 그리고 타당도에 대한 증거, 부정적 영향(adverse impact) 등에 관한 서류를 추후를 위해 정리하여 보관한다(미국의 경우에는 서류 작성 및 보관이 법적 요건임).

3) 구조적 면접에 대한 실무자의 저항

면접에 대한 많은 연구들이 구조적 면접이 비구조적 면접에 비해 좀더 타당한 예측도구라는 점을 보여주고 있음에도 불구하고 인사관리자를 대상으로 한 설문조사 결과에 따르면 구조적 면접을 활용하는 조직은 많지 않다(Lievens & De Paepe, 2004; Simola, Taggar & Smith, 2007). 1999년에 발표된 연구에 따르면 미국 회사의 34.6%만이 동일하게 정해진 직무관련 면접질문을 활용하고 있으며(Ryan, McFarland, Baron, & Page, 1999) 구조적 면접관행에 동의하지 않는 면접자가 동의하는 면접자보다 더 많다는 것을 보여주고 있다(Dipboye & Jackson, 1999). 이렇게 구조적 면접이 충분히 활용되지 않는 데는 여러가지 이유가 있다. 예를 들어 Lievens와 De Paepe(2004)는 (1) 면접이 수행되는 방법에서의 재량, (2) 지원자와의 비공식적 개인적 접촉의 감소, (3) 구조화된 면접을 개발하는데 드는 시간 등에 대한 걱정 때문에 면접자들이 덜 구조화된 면접을 활용한다는 것을 발견했다. 면접에 대한 면접자의 인식이나 권력욕 등과 같은 면접자는 개인적 특질에 의해 구조적 면접에 부정적 태도를 가질 수 있다(Chen, Tsai & Hu, 2008). 실무자들이 구조적 면접을 실시하지 않는 이유와 면접실무자에 대한 제언은 각각 <표 5-4>와 <표 5-5>에 제시되어 있다.

〈표 5-4〉 실무자들이 구조적 면접을 사용하지 않는 이유

① 상황적 질문(situational question)을 준비하기 위하여 직무분석에 많은 시간이 소요된다.

② 지원자가 소문을 통해 상황질문에 대해 미리 안다면 면접 질문의 효용성이 심각히 위태로워진다.

③ 지원자는 구조적 면접에서 자신을 홍보할 기회가 제한되고 이것은 면접에 대한 지원자의 공정성 지각에 영향을 미칠 수 있다.

④ 구조적 면접내용이 예측가능한 경우에는 지원자가 사전에 면접에 대비하여 응답을 준비할 수 있어 지원자의 실제 능력이 파악되기 어렵다.

⑤ 구조적 면접에서는 면접자와 지원자간의 비공식적 개인적 접촉이 제한된다.

〈표 5-5〉 구조적 면접을 실행하는 HR 담당자에 대한 제언

① 라인경영자와 동반자적 관계를 유지하면서 새로운 면접프로그램을 도입한다.

② 구조화된 면접기법을 활용하는 것에 대한 경영자 저항의 원인을 파악한다.

③ 개발되어야 할 질문과 준수하여야 할 표준적 절차에 대해서 면접자를 훈련한다. 지원자와의 관계(rapport)를 형성하는 방법 그리고 조직과 직무에 대한 지원자의 질문에 응대하는 방법을 훈련에 포함시킨다.

④ 경영자들이, 특히 변화에 저항이 큰 경험있는 면접자들에게 왜 구조적 면접절차를 수용하여야 하는지에 대하여 신뢰할 수 있는 논리로 설득한다.

⑤ 경영자들로 하여금 면접절차, 정보수집 그리고 판단에 대해서 책임을 지게 한다. 구조적 면접이 적절히 수행됐는지의 여부를 점검한다.

⑥ 면접질문을 설계할 때에는 다른 선발도구(지필 검사 등)의 내용과 중복되지 않고 상호 보완적일 수 있도록 주의한다. 예를 들면 인지능력은 적성검사 등과 같은 도구로 잘 측정이 될 수 있으나 인간관계스킬 같은 속성은 언어적 및 비언어적 정보를 판단할 수 있는 면접에서 더 잘 측정될 수 있으므로 면접질문에 포함시키는 것이 바람직하다.

3. 준구조적 면접: 탐색적 질문의 허용

1) 준구조적 면접의 의의

구조적 면접의 단점을 보완하여 면접자에게 면접 질문과 판단의 재량을 확대해 주기 위해 준구조적 면접에서는 구조적 질문 이외에 탐색적 질문(probing)이 추가로 이루어진다. 탐색적 질문은 지원자에 대해 추가적 정보를 수집하기 위해 지원자가 특정 질문에 응답한 후에 면접자가 추가적으로 질문하는 것을 의미한다. 전통적 면접과 구조적 면접 그리고 비구조적 면접을 비교하면 <그림 5-2>와 같이 표현할 수 있다.

탐색적 질문을 하는 목적은 지원자로부터 올바른 응답을 도출하는 것이 아니라 지원자가 어떻게 행동했는가를 이해하기 위함이다. 지원자가 질문에 응답하는 동안에는 판단을 보류하다가 지원자가 직무를 수행할 때도 동일한 행동을 반복할 것인가를 지원자의 반응에 근거하여 판단하는 것이 중요하다. 탐색적 질문을 하는 두 번째 목적은 지원자 행동의 결과를 이해하기 위함이다. 지원자가 달성한 것을 이해하기 위해서 '당신 행동의 결과는 무엇입니까?' '당신의 행동으로 조직성과가 어떻게 증가되었습니까?' 또는 '당신은 다르게 행동할 수도 있었습니까? 왜 그렇게 행동했습니까?'라고 질문할 수 있다. 마지막 질문이 특히 중요하고 유용한 데 이러한 질문은 지원자가 어떻게 행동할 것인가에 대한 지표가 될 수 있기 때문이다. 면접의 목적은 수행을 예측하는 것임을 명심해야 한다.

면접자는 지원자에게 그들의 응답을 더 잘 이해하기 위해서 추가질문을 행한다고 말한 후에 탐색적 질문을 하는 것이 일반적이다. 지원자가 질문에 응답하는 도중에 면접자가 추가질문을 하는 것은 지원자의 응답이 틀렸다는 것을 의미하는 것이 아니라 더 잘 이해하기 위한 것임을 설명할 필요가 있기 때문이다. 이렇게 설명하면 지원자는 자신의 응답을 개선하는 방법으로 탐색적 질문을 인식할 수 있다. 지원자는 면접자가 자신을 심문하는 것으로 생각하지 않는 한 자신이 응답과정에서 옆길로 새자마자 면접자가 추가질문을 하는 것을 오히려 선호할 수 있다.

그러면 탐색적 질문은 언제 하는 것이 적절한가? 이에 대한 대답은 지원자의 응답의 길이에 달려있다. 첫 번째 방법은 지원자가 응답을 마칠 때까지 기다린 다음 보다 구체적인 내용의 탐색적 질문을 추가할 수 있다. 또 다른 방법으로 지원자의 응답이 틀린 방향으로 가거나 세부사항이 결여되었을 때 정중하게 개입하여 탐색적 질문을 추가할 수 있다.

2) 탐색적 질문을 하는 방법

(1) 경험의 결과로 지원자의 행동이 어떻게 바뀌었는지를 물어라

사람들은 무언가를 배웠다고 느끼지만 실제로는 그렇지 않다. 예를 들어 '이 행동으로부터 무엇을 배웠는가?'라고 질문을 하면 이

것은 행동보다는 의견을 측정하는 질문이다. 핵심적 용어는 '어떻게'이다. 보다 효과적인 질문은 '이 상황에서 당신이 교훈을 얻은 결과로 당신은 어떻게 다르게 행동하였습니까?'이다. 핵심은 사람이 무엇을 배웠다면 그들은 행동을 통해 그것을 표현하여야 한다는 것이다.

(2) 결과에 대해 질문하라 '잘 되었습니까?' 또는 '그것이 어떻게 잘 되었습니까?'라고 질문을 하면 신뢰할 만한 응답을 얻기가 어렵다. 누구도 '완전히 실패했습니다'고 응답하지 않을 것이기 때문이다. 보다 효과적인 질문은 '당신의 행동은 어떤 결과를 초래했고 어떻게 그 결과가 나타났는지 알 수 있었습니까?' 또는 '당신은 당신의 성공을 어떻게 측정하였습니까?'이다.

(3) 심문의 느낌이 들지 않도록 질문을 하는 스타일을 다양하게 하라 면접자가 동일한 양식으로 계속 질문을 행한다면 지원자들은 면접이 아니라 심문이라고 느낄 수 있다. 이런 인상을 피하는 한 방법은 상황의 어려움을 이해한다는 것을 표현하면서 더 많은 정보에 대한 관심을 보이는 것이다. 예를 들어, '매우 어려운 상황임에 틀림없군요. 승인을 받기 위하여 당신은 어떻게 하였습니까?'라고 질문 할 수 있다.

(4) '위험 신호'(red flag)를 탐색적 질문으로 추가하라. 하지만 그것이 반드시 부정적 측면이라고 가정하면 안 된다 위험 신호(Red flag)란 지원자가 면접자에게 과거의 상황에서 부적절하게 행동했다는 인상을 주는 말이다. 그러나 행동상 문제점으로 보이는 것이 지원자의 역량에 대한 지표가 될 수 있다. 한 면접에서 비영리기관의 관리직에 대한 지원자가 이사회 멤버와의 갈등 때문에 직장을 나왔다고 이야기한 사례를 보자. 당연히 이것은 면접자에게는 위험 신호가 될 수 있다. 그러나 면접자는 지원자에게 갈등에 대해 더 물었고

어떻게 행동했는지를 물었다. 지원자는 이전 이사회 멤버가 자금지원기관에 대해서 중요한 재무정보를 감추라고 요청했으나 지원자는 이런 지시는 분명히 불법적이고 비윤리적이라고 느꼈으며 이사회가 지원자의 의견을 받아들이지 않자 지원자는 더 이상 이사회를 설득할 수 없다고 느껴서 사직했다고 대답했다. 면접자는 탐색적 질문을 통해 갈등과 지원자의 행동을 명확히 이해할 수 있었다.

이상의 논의를 근거로 하여 구조적 면접, 준구조적 면접 그리고 비구조적 면접의 차이점과 유사성을 정리하면 <표 5-6>과 같다.

〈표 5-6〉 면접 유형의 구성요인 비교

유형 / 구성요인	비구조적 면접 (전통적 면접)	구조적 면접	준구조적 면접
직무관련성 (직무분석여부)	직무분석에 근거하지 않음	주로 직무분석에 근거	주로 직무분석에 근거
〈과 정〉 동일질문 여부	면접자의 자유재량으로 지원자마다 다른 질문을 행할 수 있음	동일 면접자가 동일 순서에 의해 동일질문을 행함	동일 면접자가 동일순서에 의해 동일질문을 행함
탐색질문 추가	면접자의 재량	허용 안함	허용
면접질문 순서	면접자의 재량	시스템에 의해 사전 규정	시스템에 의해 사전규정
지원자 질문	면접자의 재량	주로 허용하지 않으나 시스템적으로 허용할 수 있음	허용

〈평 가〉			
질문별(또는 차원별) 평가	주관적 판단에 의한 판단	주로 행위에 기초한 척도 평가	주로 행위에 기초한 척도 평가
종합평가	주관적 판단에 의해 지원자를 종합 판단	주관적 판단 또는 통계적 합산	주관적 평가 또는 통계적 합산

제 2 절 면접에서 측정하고자 하는 것은 무엇인가

Buckley와 Weitzel(1989)에 따르면 면접은 통상 네 가지 차원, 즉 (1) 인지능력(cognitive ability), (2) 인간관계 스킬, (3) 직무관련 지식, 스킬 및 능력(KSA) 그리고 (4) 장기적 동기(long-term motivation)을 측정하는데 활용된다고 한다. Janz(1987)는 지원자의 직무관련 잠재력과 직무를 수행하고자 하는 동기를 면접에서 측정할 것을 제안하고 있다. 한편 Goodale(1982)은 (1) 지원자가 가진 KSA, (2) 지원자가 직무책임을 수행할 수 있는 능력과 동기(can-do와 will-do)뿐만 아니라, (3)지원자의 전반적 적합도(overall suitability)와 (4) 지원자의 개인적 특질 또한 면접에서 측정할 수 있다고 주장한다. 본서에서는 성격적 특질, 훈련 및 경험, 직무 역량, 사회적 역량, 조직과 지원자의 부합, 그리고 근무동기로 나누어 논의하고자 한다.

1. 성격적 특질

성격적 특질(personality traits)이란 각 개인의 독특하고 안정적인 일련의 특성과 행동을 의미한다(Baron & Greenberg, 1990). 면접자는 지원자의 의견이나 태도, 목표나 열망에 대한 질문을 하거나 지원자에게 자기기술(Self-description) 또는 자기평가(Self-evaluation)을 하게 함으로써, 지원자의 성격 특질을 측정하고자 한다. 성격적 특질 질문은 일률적으로 정의되기 어려우나 일반적으로 (1) 믿음성(dependability), 협력 동기 등과 같은 성격요인, (2) 직업가치관 또는 지원자의 가치관이 조직의 요구와 문화와 적합한 정도, (3)지원자의 강점과 약점 등으로 구성되며 비구조화 면접에서 주로 활용된다. 지원자들은 자신의 성격을 묻는 질문에 대해서 유리한 방향으로 자신의 자질을 제시하거나 약점을 회피하는 방향으로 응답할 수 있다. 또한 이런 질문은 예상하기 쉽기 때문에 지원자가 사전에 준비해 왔을 가능성도 크다.

〈표 5-7〉 면접에서 흔히 평가하는 성격 특질

목표지향적(goal-oriented)	성실한(hard-working)
헌신적인(dedicated)	단호한(determined)
집중하는(focused)	의욕적인(motivated)
창조적인(creative)	세심한(detail-oriented)
활력적인(energetic)	윤리적인(ethical)
협력적인(cooperative)	책임감있는(responsible)
믿을만한(dependable)	조직화된(organized)
주도적인(initiative)	리더십(leadership)
융통적인(flexible)	

자료: S. Leanne, (2004). *How to interview like a top MBA*, McGraw-Hill. 지석배 역 "면접, 능력이 아니라 기술이다" 비즈니스 맵에서 수정 보완.

면접에 대한 낮은 신뢰도와 타당도를 보인 연구들은 주로 성격 특질에 근거하고 있다. 특히 지원자에 대한 특질에 대한 평가는 지원자의 개인적 특성뿐만 아니라 면접자의 편향도 반영하기 쉽다. 예를 들어 Arvey와 Campion(1982)는 성(sex)과 인종(race)에 대한 연구에서 면접자가 호감도(favorability)와 같은 일반적 기준에 의해 지원자를 평가할 때 성과 인종에 대한 편향이 작용한다는 것을 보여주고 있다. 마찬가지로 Rowe(1963)에 의하면 면접자는 자신이 판단하는 지원자에 대한 성격에 근거하여 정보를 수집한다고 한다.

이런 연구들은 면접에서 모호한 개인적 특질에 대한 평가를 피해야 한다는 것을 강력히 시사하고 있다. 면접자에게 개인적 특질을 평가하라고 요구한다면 면접자는 이상적 지원자에 대한 자신의 고정관념에 의해 평가하게 된다. 이런 점에도 불구하고 면접에 관한 많은 책들은 직무관련성이 의심스러운 모호한 지원자의 성격 특질(예를 들면, 열정, 적극성, 성숙도, 진실성, 감정안정성 등)을 측정하기 위해 긴 질문 항목을 제시하고 있다(<표 5-7> 참조). 여기서 핵심적인 것은 면접에서 직무와 관련된 요인을 측정하여야 한다는 것이다. 따라서 지능, 동기, 일반적 능력, 직무관련 KSA와 같은 특성을 나타낼 수 있는 구체적인 행위기준을 사용하는 것이 바람직하다.

2. 훈련과 경험

훈련과 경험은 지원자의 근무 경력, 교육 그리고 인적 배경과 같은 분야에 대한 정보를 수집하기 위한 것이다. 여기에는 교육적 배경 이외에 지난 직장을 떠난 이유, 결근율 등과 같은 정보도 수집할 수 있다. 지원자 배경에 관한 정보는 지원서에서도 얻을 수 있지만 면접에서 확인하는 것은 다음과 같은 점에서 유용하다. 첫째 행위지향적(즉 BDI나 SI) 질문을 위한 시발점으로 활용할 수 있다. 둘째 서로 모순된 정보를 명확히 하거나 정보누락을 방지할 수 있다. 셋째 이런 질문은 지원자와 면접자간의 관계형성에 유용하며 지원자에게 자신의 경력과 업무능력 등을 홍보할 기회를 제공한다. 마지막으로 면접에 대한 지원자 반응에도 긍정적으로 영향을 미친다.

질문 예

(ㄱ) **작업경험, 훈련 및 교육 또는 기타 자격요건을 평가하기 위한 배경질문:** '팀웍이 중요한 상황에서 작업하기 위하여 당신은 어떠한 작업, 경험, 훈련 또는 다른 자격요건을 갖추었습니까?'

(ㄴ) **해당 직무와 관련이 있는 지원자의 과거 활동:** '방문판매에 대해 어떤 경험이 있습니까?'

(ㄷ) **이력(work history)에 관한 질문:** '지난 직무를 사퇴한 이유는 무엇입니까. 이전 직장에서 결근율은 어떻했습니까?'

3. 직무역량

직무역량은 직무수행에 필요한 지식(예를 들면 세법 등), 스킬(예를 들면 팀 미팅 운영 등) 그리고 능력(예를 들면 언어추리력)을 의미하며 직무의 기술적 측면 또는 직무를 학습하는 데 핵심적인 기본지식을 포함한다. 직무역량은 직접 어떤 지식의 유무를 묻는 방식으로 질문할 수도 있으나 실제상황(actual situation) 질문에 의해 더 잘 평가될 수 있다. 예를 들어 마케팅 매니저에 대한 면접의 경우 실제로 마케팅 매니저로서 수행하여 할 과업을 간단히 설명해 주고(예를 들면 제품의 특성과 의도된 시장들) 지원자에게 어떻게 마케팅 캠페인을 수행하겠냐고 물어볼 수 있다. 이런 질문은 상황 질문(SI)과 유사하지만 상황질문보다 구체적이고 복잡하여 작업 시뮬레이션(work simulation)에 더 가깝다.

직무역량에 대한 질문의 예문 예
(ㄱ) 당신은 안전에 관한 브레인스토밍 회의를 어떤 절차로 진행하겠습니까?
(ㄴ) 판매촉진 캠페인을 계획할 때 당신은 어떤 요소를 고려하겠습니까?

4. 사회적 역량

사회적 역량(social competence)이란 주어진 맥락 속에서 개인이 현재의 환경에 적응(adopting)하거나 현재에 속한 환경을 개인의 기술, 흥미 또는 가치에 더 잘 부합되도록 조성(shaping)하는 능력을 의미한다. 간단히 말하자면, 사회적 역량은 개인이 참여하는 활동시스템, 즉 개인과 환경과의 상호작용을 강조하는 개념이다.

Vernar(1933)에 의하면 사회적 역량은 사람과 사이 좋게 지내는 능력, 사회적 관심사에 관한 지식, 타인에의 관대함, 한 집단의 다른 구성원들에 대한 감수성, 그리고 타인들의 상태와 특성에 대한 통찰 등으로 구성되어 있다고 한다. 마찬가지로, Ford와 Miura(1993)는 사회적 역량을 친사회적 기술(타인의 요구에 부응, 감정적 지지, 그리고 타인에의 관심), 지도력 기술(일이 되게 하는 방법을 아는 것, 목표 세우기를 좋아하는 것, 지도력을 갖추는 것 등), 사회적 관대함(사람들에게 마음을 열어 접근하기 쉬우며 사회적 활동과 참여를 즐김), 그리고 자아 효능감(긍정적 자아 개념을 가지며, 자신의 주체성과 가치가 있으며, 낙관적 인생관을 가짐)으로 구성되어 있다고 한다. 따라서 사회적 역량은 대인관계 민감성(interpersonal sensitivity), 개방성(openness), 자아 효능감 및 자기 통제(self-control)로 구성되어 있다고 볼 수 있다.

5. 조직과 지원자의 부합

조직과 지원자의 부합(person-organization fit)은 고용면접에서 중요한 개념이다. 인사 실무자들은 면접의 목표 중 하나는 조직에 맞는 사람을 선발하는 것이라고 공공연히 이야기한다. 지원자와 조직간의 적합성은 지원자의 가치관이나 성격 등이 조직의 가치관이나 문화가 얼마나 부합하느냐에 따라 판단할 수 있다. 가치관(values)은 특정 행동양식에 대한 개인의 신념을 의미하며 개인의 태도, 판단과 행동에 영향을 미친다. 면접자는 지원자의 성격적 특성, 특히 인간관계적 특성(예를 들면, 리더십, 따뜻함 등)에 의해 특정 지원자가 조직에 맞는지를 평가하고자 한다. 즉, 면접자는 직무환경(예를 들면 감독스타일), 조직문화(예를 들면 팀워크) 또는 직무 특성(예를 들면 고객서비스 지향) 등에 대한 지원자의 선호를 면접중에 파악하고자 한다.

6. 근무 동기

근무 동기란 지원자에 대한 신뢰도(reliability)를 의미한다. 여기서 신뢰도란 출근, 초과근무 그리고 출장 등과 같은 조직이나 직무와 관련된 기본규칙을 잘 준수할거라는 믿음을 의미한다. 근무동기에 관한 질문에서는 계획된 일정에 따라 조직의 규칙을 준수할 의사, 초과근무, 주말 및 휴일 근무의사, 잠재적으로 위험한 상황에서 일할 의사 등을 평가한다. 이런 질문은 지원자의 능력이나 자질을 평가하는 데 활용되기보다 부적격자를 구분(screening)하는 데 유용하다.

제 3 절 면접질문을 어떻게 개발할 것인가

1. 면접질문의 개발과정

고용면접에 관한 기본전제는 모든 과정이 직무관련성이 있어야 한다는 것이다. 조직은 직무분석을 통하여 면접과정(면접뿐 아니라 모든 선발과정이 마찬가지다)이 직무관련성이 있다는 것을 보여줄 필요가 있다.

대부분 조직은 인적자원정보시스템(Human resource information system: HRIS)에서 직무에 관한 정보를 갖추고 있다. 직무내용이 급격히 변화하는 경우 이러한 직무정보를 지속적으로 최신화(update)할 필요가 있는데 선발을 할 때마다 직무분석을 다시 하여 직무정보를 최신화한다는 것에 대해서 조직은 거부반응을 보일 수 있다. 직무분석은 시간과 비용이 많이 드는 작업이기 때문이다. 따라서 채용담당자는 충원되어야 할 직위를 분석하기 위한 간편한 방

〈그림 5-3〉 면접질문의 개발과정

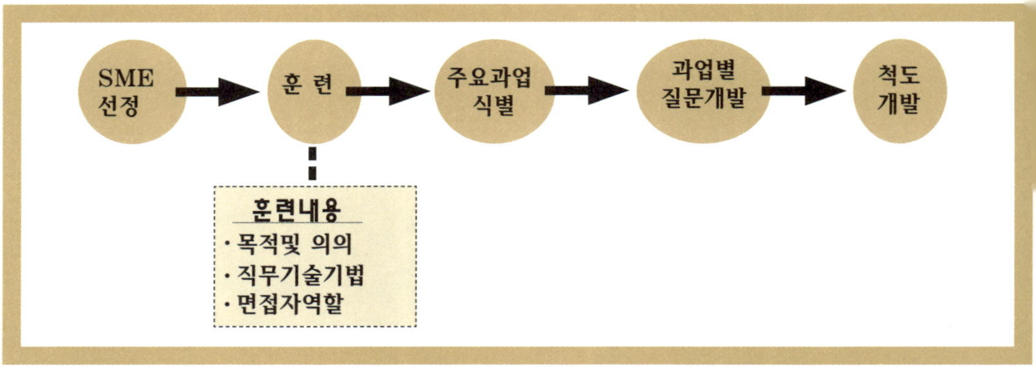

법을 고려해야 한다. 첫째, 직무내용을 잘 아는 주관주제전문가들(SMEs)[2]을 활용하여 직무의 중요 책임이나 과업을 식별하게 한 다음, 필요 역량을 선정하도록 한다. 둘째, 식별된 필요 역량별로 중요사건(critical incident)을 선정하여 면접 질문을 개발한다. 마지막으로 각 면접 질문에 대한 지원자의 응답을 평가하기 위한 척도를 개발한다.

2. 기능적 직무분석

주관주제전문가들(SMEs)에 의해 다음과 같이 MIS팀 시스템 분석가의 주요과업과 책임이 기술되었다고 가정해 보자.

① 주요 생산이 이루어지고 있는 경우 24시간 내내 시스템 운용과 관련된 문제를 해결한다.

2) 특정 주제나 대상에 대해서 질적인 판단을 행하는 전문가 집단.

② 팀 구성원을 위해 시스템, PGM 사양(specification)을 문서화한다.
③ 부여된 기일의 제한 속에 프로젝트 관리기법을 이용하여 팀 구성원에 대한 작업계획을 수립하고 실천한다.
④ 기존 시스템에 대한 수정 요구를 분석한다.
⑤ 컴퓨터 시스템을 분석 설계하고 시행한다.
⑥ 구두로 또는 문서로 프로젝트의 진행 상황을 사용자와 MIS 부서장에서 전달한다.
⑦ 팀 구성원에게 기술적 지도를 한다.
⑧ 신임 팀 구성원의 업무를 지도 감독한다.
⑨ 필요하다면 프로그램 업무를 돕는다.
⑩ 항상 변하는 상황 속에서 자신의 업무의 우선순위를 정하고 일정을 정한다.

이러한 직무의 주요 기능 또는 책임을 토대로 행위지향적 질문(SI, BDI, AS 등)을 작성할 수 있다. 예를 들어 1번 기능에 대하여 '어느 날 아침 출근하자 지난 밤 컴퓨터 운영자가 잘못된 시스템 날짜를 입력하여 당신의 시스템이 4시간 동안이나 잘못된 날짜를 사용하고 있었다. 이 상황을 당신은 어떻게 처리할 것인가?'라는 면접 질문을, 또한 10번 기능에 대하여 '당신은 상부에서 정한 조건에 근거하여 6개월짜리 프로젝트를 기안하였다. 그러나 최종 조건이 확정되었을 때 처음과 달리 상당히 변경되어 1개월 앞당겨졌다. 어떻게 처리할 것인가?'라는 질문을 도출할 수 있다. 면접질문을 개발했다면 각 질문에 대한 지원자의 대답을 어떻게 평가할 것인가, 즉 평정척도를 개발해야 한다. 다음은 과업에 따른 면접질문과 평정척도 개발의 예이다.

〈표 5-8〉 **중요과업으로부터 KSA, 면접 질문, 평가척도 도출한 예** (공공 지원 사무원)

중요과업	KSA	면접질문	평정척도
주정부로부터 나온 공공지원 펀드를 효과적으로 분배하기 위하여 기관규정의 해석, 기관 양식작성, 공공지원액 책정 등에 대해 민원인을 돕는다	얼굴을 맞대고 민원인과 상호작용할 수 있는 능력	민원인이 당신에게 와서 기관이 5일 전에 보낸 수표를 받지 못하였다고 주장한다. 그녀는 지불할 요금이 있고 그녀를 도와줄 사람이 없다고 한다. 그녀는 매우 화가 나 있다 당신은 이 상황을 어떻게 다룰 것인가	1. 누구와 상담해야 할지 알아보고 그 사람이 전화하도록 했다고 이야기한다 3. 사과를 하고 문제가 무엇인지를 알아보고 하루이틀 내 전화를 하겠다고 말한다 5. 그녀를 진정시키고 그녀가 기다리는 동안 문제를 조사한다

자료: H. S. Field & G. D. Gatewood, "Development of a selection interview: A job content strategy," In R. W. Eder & G. R. Ferns(Eds.)(1989), *The Employment Interview: Theory, Research, and Practice,* Sage, 1988, pp. 145-157.

3. 중요사건의 수집과 개발

중요사건이란 통상적 활동이 아니라 직무의 성공과 실패를 구분짓는 직무상 핵심적 사건을 의미한다. 중요사건은 주관주제전문가(SME)를 이용하여 도출한다. 주관주제전문가는 실제 과거 직무수행을 기술할 수 있는 감독자, 직무담당자 그리고 직무를 잘 아는 사람들로 구성하되 적어도 6개월 이상의 해당 직무 경험이 있는 사람들로 구성하는 것이 바람직하다.

중요사건을 개발할 때는 직무담당자가 당면한 상황, 직무담당자의 행위 그리고 결과의 세 가지 요소가 포함되어야 한다.

선정된 SME가 많지 않다면 개별 면접을 통해 중요사건을 도출

그림 5-4〉 중요사건 수집과 개발절차

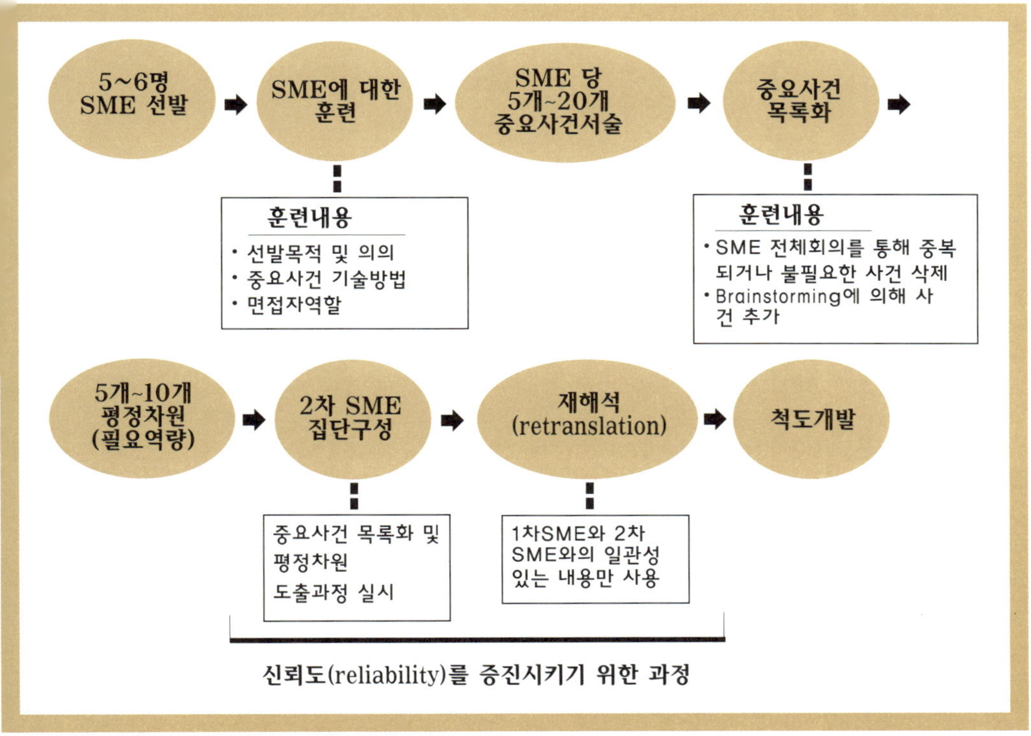

할 수 있으나 SME의 수가 면접하기에 크다면 집단으로 나누어 면접을 실시하거나 설문지 방법을 고려해 볼 수 있다. 설문지법을 이용한다면 다음과 같은 요소가 고려되어야 한다. (1) 설문지에 직무 전체에 대해서 중요사건을 도출하거나 각 개인들이 자신의 주요 과업으로부터 중요사건을 도출해야 한다고 명시한다. (2) 설문지에 직위명을 기재하도록 한다. (3) 각 개인들은 3개의 효과적인 중요사건과 세 개의 비효과적인 중요사건을 도출하도록 한다. 이것들은 실제로 발생한 사건이어야 한다. (4) 사건과 관련된 종업원의 익명성이 보장되어야 한다.

이러한 방법으로 각각의 SME는 통상 5개에서 20개의 중요사건을 도출하며 모인 중요사건은 5개에서 40개의 차원으로 분류된다. 각 차원 별로 면접 질문을 개발한다.

4. 척 도 화

척도(scale)은 지원자의 응답을 평가하기 위한 측정방식이다. 척도화하는 방법은 일반적으로 4가지 방법이 주로 활용된다(Campion, Palmer & Campion, 1997). 첫째, 행위적 사례를 제공하는 것이다. 행위적 사례를 제공하는 목적은 지원자가 동일하게 응답하기를 기대하는 것이 아니고 지원자의 응답을 평가하기 위한 기준을 제공하기 위함이다. 둘째, 응답의 수준에 대한 기술 또는 정의를 제공하는 것이다. 응답의 질은 서술적으로 기술되어 있으나 행위의 사례 척도에서와 마찬가지로 지원자의 응답과 정확히 일치되기를 기대하여 기술하는 것은 아니다. 셋째는 우수, 양호, 미흡 등과 같이 응답의 평가수준만 제시하는 것이다. 마지막으로 지원자간 상대 평가하는 척도를 제시할 수 있다. 척도 개발과정과 척도에 대한 예는 <표 5-9>와 <표 5-10>에 제시되어 있다.

〈표 5-9〉 질문평가척도의 개발과정

1. 직무와 직무요건을 잘 아는 3~4명의 주관주제전문가를 선발한다.
2. 각각 면접질문에 대해서 SME 에게 우수한 종업원, 평균적인 종업원 그리고 수용 불가능한 종업원이 각각 어떻게 응답하는가 또는 그 상황에서 실제로 각각 어떻게 행동하는가를 묻는다. 핵심요점을 목록화한다.
3. 우수한, 평균적 그리고 수용 불가능한 응답의 핵심요점에 대한 의견 일치를 구한다. 핵심요점에 의견 불일치가 있다면 척도에서 제외한다. 둘 또는 그 이상의 수준에 걸쳐 여러 핵심요점에 대해 의견 일치가 안 된다면 해당 질문은 제외될 수 있다.

〈표 5-10〉 척도개발 예: '감독없이 작업할 수 없는 능력'을 평가하기 위한 과거행위 질문에 대한 척도

〈질 문〉 중요한 과업에 대한 우선순위 설정과 계획화: 당신이 우선 순위를 정하고 업무를 계획한 과거의 경험을 구체적인 사례로 제시할 수 있습니까?

	행 위	기 술	평 가	상대비교
5	과업을 A/B/C시스템으로 분류했다	과업을 목록화하여 우선순위를 정하는 구체적 시스템 사용	탁월한 응답	지원자의 상위 20%
4				다음단계 20%
3	언제 무엇이 필요한지를 파악한 후 스케줄을 작성한다	과업의 중요성을 고려한 후 중요한 과업을 먼저 수행한다	좋은 응답	중간 20%
2	중요한 과업을 먼저 수행한다			다음단계 20%
1	먼저 발생한 일을 먼저 수행하거나 상급자에게 물어본다	사용할 시스템이 없다	평범한 응답	마지막 20%

자료: M. A. Campion, D. K. Palmer, & J. C. Campion, " A review of structure in the selection interview," *Personnel Psychology*, 50, 1997, pp.655−702.

〈표 5-11〉 행위척도의 추가적 예

1. **기계적 이해도를 평가하는 직무지식 질문:** "부품을 수리 후 재조립할 때 왜 모든 부품을 먼저 깨끗이 닦는 것이 중요한가?"
   (5) 먼지들은 부품이 작동할 때 마모의 원인이 된다. 부품의 마모와 손상을 검사하기 위해서 부품들을 깨끗이 닦을 필요가 있다.
   (3) 조립하기 쉬우며 부품이 더 잘 작동된다.
   (1) 항상 청소해왔지만 이유는 잘 모르겠다.
2. **읽기능력을 평가하기 위한 시뮬레이션 질문:** "많은 작업이 리프트 사용을 필요로 합니다. 리프트 사용절차를 크게 읽어 보십시오."
   (5) 모든 단어를 정확히 유창하게 읽는다.
   (3) 대부분의 단어를 읽을 수 있지만 주저한다.
   (1) 매우 어렵게 읽는다.
3. **고공을 무서워하는 것을 평가하기 위한 작업 동기 질문:** "어떤 작업은 5층 높이의 사다리를 올라가는 것이 필요합니다. 이런 작업에 대해서 당신은 어떻게 생각합니까?"
   (5) 높이에 개의치 않는다. 과거에 비슷한 작업을 한 경험이 있다 (예를 제시한다).
   (3) 높은 곳에서의 작업을 두려워하지 않는다. 작업의 일부분으로 필요하다는 것을 알고 있다.
   (1) 높은 곳에서의 작업을 피하고 싶다. 작업상 필요하다면 할 수는 있다.

5. 사례: 영업사원 직무에 대한 면접질문 개발

Step 1: 중요사건을 도출하기 위한 설문지 지침 작성

당신이 모든 영업사원을 관찰할 수 있도록 충분한 기간(예를 들어 6개월)을 상정한다. 아주 우수한 또는 아주 효과적인 영업사원을 만든 사건에 집중한다. 다시 말해 영업사원 집단의 전반적 성공에 실질적으로 도움을 준 중요사건을 생각한다.

다음의 질문에 응답한다: 이 사건이 발생하게 된 상황이 무엇인가? 그 당시 영업사원이 무엇을 했는지를 정확하게 이야기한다. 이 특정 사건이 영업사원 집단의 전반적 효율성에 어떻게 기여했는가? 언제 이 사건이 일어났는가? 그 영업사원은 얼마나 오래 회사에 근무했는가? 담당지역은

자료: W. Kirchner & M. Dunnette, "Indentifying the critical factors in successful salesmanship,". In G. Yukl & K. Wexley(Eds.), *Organizational and Industrial Psychology*, New York; Oxford University Press, 1971, pp. 358-370

Step 2: 주요과업 식별

1. 신규고객 확보를 통한 매출 증대
2. 기존 고객 관리
3. 제품하자, 반품 등에 대한 고객 불만 처리
4. 적절한 재고 관리 및 제품도 시기 준수

Step 3: 중요사건 도출

1. 영업사원이 고객으로부터 제품에 하자가 있다고 연락을 받았다. 영업사원이 문제를 조사하지도 않고 고객불만에 대한 서류를 작성하지 않았다. 고객이 하자 있는 제품을 반환했음에도 불구하고 고객에게 환불도 해 주지 않았다. 그 고객은 아직 우리와 사업을 계속하고 있지만 매우 불만이 많다.
2. 중요한 고객이 제품에 대해 만족하지 않고 있다. 고객은 다른 공급처로부터 대체상품을 사용하려고 하고 있다. 영업사원은 거래를 계속하기 위해서 제품을 개선하겠다고 약속하였다. 신제품이 개발되어서 생산되었지만 고객은 도매상으로부터 구 제품을 납품받고 있었다. 도매상은 재고를 처분하려고 하기 때문이다 고객은 영업사원에게 신뢰를 잃어버렸고 거래를 중단하였다.

3. 영업사원은 자신이 팔고 있는 원자재를 사용하는 기계를 실은 트럭을 길에서 보았다. 영업사원은 트럭의 목적지까지 따라갔다 나중에 영업사원은 기계가 운송된 장소를 방문하였다. 영업사원은 이 새로운 고객과 거래를 시작할 수 있었다.
4. 한 도매상과의 거래가 중단되었다. 영업사원은 주기적으로 도매상을 방문하였다. 방문 동안에 도매상에게 자신 제품의 이점을 설명하였다. 상당한 기간이 지난 후 도매상은 회사와 거래를 다시 시작하였다.
5. 대규모 방위산업체가 자신의 규격에 맞추어 제작된 제품이 다 떨어졌다. 영업사원은 도매상으로부터 원재료를 구입하여 인근 공장에서 고객이 요구하는 규격에 맞게 수정하여 납품하였다. 이런 영업사원의 노력으로 고객에 대해 새로운 규격의 제품이 생산될 때까지 방위프로젝트가 진행될 수 있었다.

Step 4: 척 도 화(행위척도)

1	2	3	4	5
연락받은 고객불만사항을 처리한다		고객 불만사항에 대해 조사한 후 고객을 방문하여 해결책을 찾는다		고객서류철을 검토한 후 불만사항을 분류한 후 대안을 생각한 다음 고객을 방문하여 해결책을 제시한다

제4절 어떻게 질문할 것인가

조직은 높은 성과를 달성하기 위한 핵심적 인적자원역량을 식별하여 이런 역량을 가진 지원자를 선발하여야 한다. 그러나 핵심역량을 가진 지원자라고 해도 해당 조직에서 일할 의사가 없거나 조직문화가 맞지 않는다면 조직에서 역량을 발휘하지 못하거나 성과와 연결되지 못할 수 있다. 따라서 인사담당자가 생각하는 '최적'의 면접질문은 특정 조직이나 직무에 필요한 구체적인 KSA는 물론 동기, 가치관, 작업의사도 포함한다.

면접의 목적과 길이에 따라 변동이 있겠지만 면접 질문은 10개에서 15개가 적절하다(Harris & Eden, 1999). 15개 이상으로 질문을 구성하는 경우 시간적 제약으로 질문을 모두 하지 못하게 되거나 질문에 대한 의사사통이 충분히 이루어지지 못할 수 있으며 질문이 10개 이하로 구성되는 경우 필요한 내용이 모두 포함되지 못할 수 있다.

1. 직접질문

직접질문은 가장 오래되고 전형적인 면접질문 방식으로 면접자가 알고자 하는 정보를 지원자에게 직접 질문하는 방식이다. 예를 들어 면접자가 지원자에게 '당신의 성격은 어떻습니까?'라고 질문하면 지원자는 자기평가(self-evaluation)나 자기기술(self-description)에 의해 응답을 하게 된다. 이 경우 지원자의 응답의 질은 지원자가 얼마나 솔직하게 그리고 철저하게 자신을 분석했는가에 달려있다고 볼 수 있다. 그러나 지원자는 인상관리(제6장에서 자세히 논의될 예정임)를 통해 자신의 약점보다는 강점 위주로 응답할 수 있다. 또한 개인적 특질에 관한 질문에서 언급했듯이 다양한 오류가 개입될 가능성이 있다. 따라서 직접 질문은 검증 가능한 배경에 대한 질문(예를 들면, 고등학교에서 어떤 과목을 가장 잘 하였습니까 등)에 한정하는 것이 바람직하다. 추상적 내용에 대해 직접적으로 질문한다면 면접자의 평가는 지원자의 능력보다는 얼마나 사전에 지원자가 면접을 준비했는가에 달려있을 수 있다. 따라서 면접자는 질문에 대한 응답을 명확히하기 위해서 언제, 어떻게 그리고 결과 등으로 구성된 일련의 탐색적 질문을 행할 필요가 있다. 이러한 단점을 회피하기 위해 최근에는 행위지향적 질문이 직무와 관련된 KSA를 식별하기 위해 널리 활용되고 있다.

2. 과거행위 질문

과거행위(past behavior) 질문은 행위기준 평가척도를 사용하는 직무관련 질문이라는 특성을 가지고 있다. 과거행위 질문을 면접에서 활용하는 이유는 '과거행위'가 미래행위를 예측하는 가장 좋은 지표 중 하나이기 때문이다. 면접자는 과거행위 질문을 통해 지원자에게 다양한 직무관련 질문을 제시하고 실제 지원자가 행한 행동이 무엇인지 물음으로써 지원자의 미래 업무능력을 판단할 수 있다.

〈표 5-12〉 과거 행위 질문 예

'함께 일하기 매우 어려운 사람과 함께 일해야만 했을 경우를 떠올려 보라. 그 사람은 화를 내거나 고집이 센 사람일 수도 있다. 상황을 간단히 설명해 보고 어떻게 행동했는지 설명해 보라'

질문평가 지침

지원자의 예상가능 대답은 다음과 같다
(ㄱ) 상황을 있는 그대로 솔직히 받아들인다
(ㄴ) 분노 또는 어려움의 원인을 파악한다
(ㄷ) 그 사람에게 걱정이 뭔지 말하게 한다
(ㄹ) 건설적인 결과를 만들기 위해 노력한다

평가척도

5	매우 좋은 응답	: 위의 모든 행동을 다 했다
4		: (ㄱ) (ㄴ)을 하고 (ㄷ)이나 (ㄹ) 중 하나를 했다
3	평균적 응답	: (ㄱ)을 하고 (ㄴ),(ㄷ),(ㄹ) 중 하나를 했다
2		: 하나의 행동만 했다
1	한계 응답	: 위의 행동 중 어느 하나도 하지 않았다

자료: G. L. Gibb & P. J. Taylor, "Past experience versus situational employment: interview questions in a New Zealand Social Service Agency,", *Asia Pacific Journal of Human Resources*, 41, 2003, pp. 371-383.

3. 상황 질문

상황(situation) 질문은 과거행위 질문과 같이 행위 기준 평가척도를 사용하는 직무관련 질문이라는 특성을 갖는다. 그러나 과거행위 질문과 달리 상황 질문은 미래 행위를 예측하는 가장 좋은 지표가 '의도'라는 전제에서 기반한다. 따라서 상황 질문은 지원자에게 만약 직무관련 문제에 직면한다면 어떻게 행동할 것인지를 묻는다. 면접자에게 상황질문과 함께 질문에 대한 지원자의 응답을 평가하는 지침을 제공하는 경우 좀더 효과적인 평가가 이루어질 수 있다.

〈표 5-13〉 상황 질문 예

'이웃인 노인의 재산을 훼손한 14살 소년을 위해 일하는 사회복지사라고 가정해 보라. 당신은 그 노인을 방문하여 일처리 과정을 설명해야 한다. 그러나 그 노인은 당신의 설명에는 관심없고 그 소년의 행동에 너무 화가 나 계속 소리만 지른다. 당신은 이 상황에서 어떻게 할 것인가'

질문평가 지침

지원자의 예상가능 대답은 다음과 같다

(ㄱ) 노인이 자신의 화를 다 표현하도록 둔다

(ㄴ) 노인에게 사회복지국의 업무처리 절차를 설명한다

(ㄷ) 방문하자 마자 문서로 된 설명자료를 제공한다

(ㄹ) 명함이나 전화번호를 주고 나중에 다시 방문하겠다고 말한다

평가척도

5	**매우 좋은 응답**	: 모든 행동을 다 할거다
4		: (ㄱ) (ㄴ)을 하고 (ㄷ)이나 (ㄹ) 중 하나를 할 것이다
3	**평균적 응답**	: (ㄱ)을 하고 (ㄴ),(ㄷ),(ㄹ) 중 하나를 할 것이다
2		: 하나의 행동만 할 것이다
1	**한계 응답**	: 위의 행동 중 어느 하나도 언급하지 않았다

자료: G. L. Gibb & P. J. Taylor, "Past experience versus situational employment: interview questions in a New Zealand Social Service Agency,", *Asia Pacific Journal of Human Resources*, 41, 2003, pp. 371-383.

4. 실제상황 질문

지원자가 직무상에서 당면한 구체적 상황에 초점을 맞춰 직무지식을 묻는 질문이다. 실제상황(actual-situation) 질문은 상황 접근법과 유사하지만 상황 질문보다 구체적이고 복잡하여 작업 시뮬레이션(work simulation)과 유사하다. 예를 들어 신제품에 대한 마케팅 캠페인을 수행할 종업원을 채용한다고 가정하자. 과거행위 질문은 '신제품에 대해 마케팅 캠페인을 착수했을 때에 대해 말해 주십시오'라고 시작될 수 있고 상황 질문은 '당신이 마케팅 캠페인을 착

수한다고 가정하고'로 시작되는 반면 실제상황 질문은 신제품과 의도된 시장에 대해 간략히 설명한 후 '이런 상황에서 당신은 무엇을 하겠습니까?'라고 질문을 한다. 실제상황 질문은 중요한 성과차원과 아주 밀접하게 평가를 실시할 수 있다는 장점을 가진다. 과거행위 질문, 상황 질문, 그리고 실제상황 질문 들의 장단점과 적절한 사용 시기는 <표 5-14>에 요약되어 있다.

〈표 5-14〉 언제 상황 질문, 과거행위 질문, 실제상황 질문을 활용하는 게 적절한가?

요 인	내 용	질 문 예
복잡성	요구되는 역량이 단순하고 직접적인 응답이 필요한 때에는 상황 질문이 가장 적절하다. 반대로 다수의 올바른 응답이 있을 수 있는 복잡한 이슈를 다룰 때에는 과거행위 질문과 실제상황 질문이 적절하다. 예를 들면 간호사 직무에 대해 지원자에게 '환자가 숨을 쉬지 않을 때 어떻게 처리할 것인가?'를 물을 수 있다	**인적자원관리(HRM) 팀장에 대한 지원자의 예** **과거행위 질문 접근법**: 새로운 **인적자원관리** 프로그램을 도입했을 때에 대해 설명해 주시오. 새로운 프로그램에 대해 어떻게 자원을 확보했는가? 어떤 장애물에 봉착했는가? 당신은 장애물을 어떻게 해결했는가?" **실제상황 질문 접근법**: "우리 회사에서는 비용절감 플랜을 어떻게 도입할 것인지에 대해 말해 보시오. 어떠한 장애물이 예상되며 어떻게 다룰지에 대해 설명하시오." 이런 질문에 대한 응답은 **인적자원관리** 팀장에게 중요한 책임의 하나인 인적자원 프로그램 도입에 대한 실무지식을 평가하는 데 활용될 수 있다

직무수준	직무수준이 높을수록 과거행위 질문이나 실제상황 질문이 더 적절하다. 왜냐하면 높은 직무에 대한 지원자는 단순하게 들리는 상황 질문에 부정적으로 반응하기 쉽다. 더욱이 높은 수준의 직무는 낮은 수준의 직무보다 더 복잡한 역량이 요구되기 때문에 이미 언급했듯이 과거행위 질문이나 실제상황 질문 접근법이 더 적절하다	
요구되는 경험수준	과거행위 질문은 지원자가 특정 행위에 가담하여 경험으로부터 학습했다고 가정한다. 반면에 상황 질문과 실제상황 질문은 이런 가정을 하지 않는다. 따라서 특정 역량에 대해서 실제적 경험이 바람직하거나 요구된다면 과거행위 질문이 가장 적절하다.	

제 5 절 면접자를 어떻게 구성할 것인가

면접자 구성 방법은 크게 단독면접과 패널면접으로 나뉜다. 단독면접은 면접자 1명이 지원자를 면접하는 방법인데 여러 명의 면접자가 순차적으로 지원자를 면접하는 경우 순차(serial) 면접이라고 한다. 패널면접은 일반적으로 3명 내지 5명으로 구성된 패널이 지원자를 면접하는 방법으로 일반적으로 회사 인사담당자, 임원 등 내부인사는 물론 면접 전문가 등 외부 인사도 패널에 포함된다.

1. 패널면접

1) 조직은 왜 패널면접을 활용하는가

패널면접이란 두 명 이상의 면접자가 한 지원자를 면접하고 각각의 점수를 합산하는 방식의 면접으로 팀 면접이라고도 한다. Dipboye(1992)에 따르면 모든 면접의 20% 이상이 패널면접으로 진행되며 특히 공공기관은 패널면접을 폭넓게 사용하고 있다. 이처럼 조직이 패널면접을 활용하는 것은 패널면접의 여러가지 이점 때문이다. 첫째, 다수의 면접자가 지원자에 대한 의견을 나누는 과정에서 직무와 관련없는 부적절한 추론을 줄일 수 있다. 또한 패널간에 면접 업무를 분담하는 경우 면접자가 필기할 여유가 생기고 따라서 패널이 서로 다른 관점에서 좀더 용이하게 정보를 수집하고 판단함으로써 면접의 타당도와 정확성을 개선할 수 있다.

두 번째, 패널면접은 개별 면접자의 점수를 합산하여 면접 결과를 도출하는데 이러한 과정에서 특정 면접자의 독특한 편향(idiosyncratic bias)을 줄임으로써 선발과정의 일관성을 유지하고 지원자 차별에 대한 법적 정당성을 강화할 수 있다. 점수 합산 방법은 크게 평균을 구하는 방법과 집단논의를 통해 의견을 일치시키는 방법이 있는데 두 방법 모두 무작위 오류를 교정하거나 면접자간의 균형을 맞춰 의사결정의 질을 높일 수 있다(Dipboye, 1992). (제 8장 참조)

세 번째, 패널을 연령, 성, 인종 차원에서 다양하게 구성한다면 지원자의 공정성 지각을 강화하고 따라서 면접에 대한 지원자의 수용성이 증가될 수 있다. 지원자들이 패널면접을 공정하다고 느낀다면 조직의 명성에도 기여할 수 있다.

2) 패널 면접은 단독면접보다 더 정확한가

이러한 이론적 이점에도 불구하고 패널면접의 타당도에 대한 실증 연구는 서로 상반된 결과를 보여준다. 면접 실증연구에 관한 메타분석에서 Wisner와 Cronshaw(1988)은 비구조적 면접에 있어서 패널면접이 단독면접보다 더 높은 타당도를 보이지만, 구조적 면접에서는 차이가 거의 없다고 주장한다. 반대로 McDanniel 등(1994)은 비구조적 면접에서는 차이가 없으나 구조적 면접에서는 단독면접이 약간 높은 타당도를 보인다는 것을 발견했다. Marchese와 Muchinsky(1993)은 면접자의 수와 타당도 사이에서 아무런 연관을 발견하지 못했다.

이와 같이 패널면접에 대한 연구가 일관성 있게 높은 타당도를 보이지 못하는 것은 집단의사결정 과정과 연관될 수 있다. 집단의사결정 과정에서 불일치, 갈등, 태만 등의 문제가 발생하면 패널의 이점을 살리지 못하기 때문이다. 이에 대하여 Alvanse와 van Flert(1985)는 다른 면접자의 존재가 개별 면접자의 노력을 강화시키기보다는 책임감을 희석시킬 것이라고 주장한다. "책임감의 공유가 의사결정에 노력을 덜 하게" 만듦으로써 사회적 태만(social loafing)이 일어날 수 있고 패널의 사회적 태만이 발생하는 경우 최종 결정에 대한 면접자의 책임감을 약화시켜 면접의 타당도를 저하시킨다는 것이다. 따라서 면접의 타당도는 의사결정이 개인적 수준 또는 집단적 수준에서 이루어지느냐가 아니라 패널면접이 어떻게 운영되는냐에 달려있다고 할 수 있다.

집단의사결정에 개인의 공헌을 제대로 반영할 수 있다면 사회적 태만현상을 억제하고 패널면접의 타당도를 증가시킬 수 있다. 패널면접에서 면접자의 책임감을 강화하기 위해 개별 면접자의 평정을 합산하거나 평균을 내는 통계적 방법이 사용될 수 있다. 이러한 방법은 간편하다는 장점이 있으나 면접자간의 평정 편차가 큰 경우 집단의사결정의 정확성을 저해할 수 있다. 이에 대한 대안으로 개별면접자의 평정을 집단논의를 통해 통합하는 방법을 고려할 수 있다. 패널은 합의하기 전에 개별 평가와 평가의 이유를 공유함으로써 집단의사결정의 정확성을 증가시킬 수 있다. 집단토의에 적극적으로 참여하는 면접자는 자신의 판단에 융통성을 보이고 적극적으로 자신의 판단을 재고함으로써 판단의 정확성을 높일 수 있을 것이다. 그러나 패널 중에 모든 면접자가 순종하는 지배적인 개인이 포함되어 있다면 패널면접이 단독면접보다 판단의 정확성을 강화하지 못한다. 따라서 패널간의 원활한 토론이 진행될 수 있도록 패널의 구성과 운영을 신중히 계획할 필요가 있다.

3) 패널의 구성과 운영

패널의 구성이 면접결과에 상당한 영향을 미치므로 신중히 계획하여야 한다. Campion, Pursell과 Brown(1991)은 개인특유의 편향을 줄이기 위해 패널은 충원되어야 할 직무의 상급자와 인사담당자를 포함하여 적어도 3명 이상으로 구성되어야 한다고 조언한다. 또한 패널 면접자들은 직무내용에 대한 질문과 응답 등 면접과정에 대한 자료를 면접 전에 검토하되 지원자의 이력서 및 다른 서류를 검토하지 않도록 해야 한다고 조언한다. 이는 패널 면접자들이 사전 인상을 형성하여 지원자를 평가하는 데 편향을 불러일으킬 수 있기 때문이다. 이 밖에도 효율적인 패널면접 운영을 위해서 운영담당자는 다음을 고려할 필요가 있다

(1) 패널면접이 지원자의 스트레스를 가중시켜 지원자가 패널에 부정적으로 반응할 수 있다는 점을 인식해야 한다. 패널들이 너무 빨리 질문을 하거나 너무 많은 인원으로 패널을 구성하여 지원자를 압도하는 경우 지원자가 과도하게 부담을 느끼고 면접 평가에 대한 두려움을 가중시킬 수 있다. 따라서 패널은 2명에서 5명 사이로 구성되는 것이 적절하며 면접자간의 역할에 따라 질문속도를 조절할 필요가 있다.

(2) 패널면접을 실시할 경우 면접자간 역할 분담을 명확히할 필요가 있다. 한 면접자는 면접의 시작과 마무리를 담당하고 다른 면접자는 필기를 한다. 그리고 누가 어떤 질문을 행할지 사전에 약속이 되어야 한다. 일반적으로 인사담당자는 평등고용과 관련된 문제를 다루고 채용할 직위의 상급자는 직무의 기술적 측면을 다룰 수 있다.

(3) 동일한 패널구성원이 모든 지원자들에게 동일한 질문을 행하는 것이 면접결과의 일관성을 높일 수 있다.

(4) 동일한 패널은 하루에 2명에서 5명까지 면접하며 한 명의 면접시간은 50분에서 70분이 바람직하다(Warmke와 Werton, 1992). 또한 개별면접 후 패널이 지원자를 평가하고 결과를 토론하는 데 15분에서 30분을 할애하는 것이 바람직하다.

(5) 지원자에 대한 질문뿐 아니라 패널들간의 평가를 통합하는 과정 또한 신중하게 설계되어야 한다. 평가 통합은 개별 면접자의 평가를 모은 뒤 차이를 논의하고 개별차원(dimension)에 대해 집단 평가를 일치시키는 과정을 거친다. 개별 면접자가 지원자를 독립적으로 평가한 후 패널 구성원 중 한 명이(일반적으로 인적자원관리 담당자) 토론을 조정하여 개별 지원자에 대한 종합적 논의를 행한다. 지원자들은 직무에서 요구되는 준거에 의해 평가되고 이에 근거하여 수용 가능성이 결정된다. 수용 가능한 평정을 받은 지원자들에 대해서는 직무적합도에 따라 서열화한다. 수용 가능한 지원자들의 서열과 직무와 관련된 강점과 약점에 대한 기술이 패널 면접의 최종 결과물이 된다. 평가 통합 과정은 패널의 기억이 생생하도록 하루 이틀 사이에 마무리 지어야 한다.

(6) 패널의 평가가 끝난 후 인사담당자와의 비평가적 면접을 통해 지원자에게 질문을 행할 수 있는 기회를 제공한다.

2. 순차 면접

순차(Serial)면접이란 일대일 면접을 연속하여 여러번 실시하는 것이다. 이 경우 면접자는 동일한 질문을 물어볼 수 있어 조직이 잘 준비하지 않았다는 인상을 지원자에게 줄 수 있다. 또는 5회 내지 7회까지 지원자가 면접을 연속해서 한다면 그는 신체적으로 정신적으로나 극도의 피로를 느낄 것이다. 면접자도 피로를 느끼면 청취력이 떨어지고 지원자의 반응을 정확하게 처리할 수 없게 된다. 따라서 패널면접과 마찬가지로 순차면접에서 사전에 역할 분담에 관한 세심한 계획을 수집하여 지원자가 동일한 질문에 대해서 반복적으로 응답하는 것을 피해야 할 것이다.

〈표 5-15〉 순차면접의 예

시 간	면접자	면접내용
9:00	인적자원관리 담당자	· 하루 일정에 대한 간략한 설명 · 회사 시설과 부서에 대한 소개 · 역량평가에 적은 시간 할애
10:00	채용 부서장	· 대부분의 시간을 근무조건과 회사 홍보에 할애 · 역량평가에는 적은 시간 할애
11:00	채용부서 관리자	· 직무역량 및 사회적 역량에 초점
12:00	동료	· 직무역량 및 사회적 역량에 초점
13:00	채용부서장(점심)	· 대부분 지원자가 질문하는 비공식적 면접
14:00	동료	· 직무역량 및 사회적 역량에 초점
15:00	동료	· 직무역량 및 사회적 역량에 초점
16:00	인적자원관리 담당자	· 면접 끝내기 지원자의 질문에 응답

참고문헌

Arvey, R. D., & Campion, J. E. (1982). The employment interview: A summary and review of recent Research. *Personnel Psychology*, 35, pp. 281–322.

ASPA(American Society for Personnel Administration). (1983). Employment selection procedures, ASPA-BNA Survey No.45, Washington, D.C.: Bureau of National Affairs.

Baron, R. A., & Greenberg, J. (1990). *Behavior in Organizations*. 3rd. ed., Allyn and Bacon.

Buckley, M. R., & Weitzel, W. (1989). Comment on the reaserach methodologies used in interview research. In R. W. Eder, & G. R. Ferris (Eds.). *The Employment Interview : Theory, Research, and Practice*. Sage Inc., pp. 284–306.

Campion, M. A., Palmer, D. K., & Campion, J. E.(1997). A review of structure in the selection interview. *Personnel Psychology*, 50, pp. 655–702.

Chen, Y., Tsa, W., & Hu, C. (2008). The influences of interviewer-related and situational factors on interviewer reactions to high structured job interviews. *International Journal of Human Resource Management*, 19, pp. 1056–1071.

Conway, J. M., Jako, R. A., & Goodman, D. F. (1995). A meta-analysis of interrater and internal consistency reliability of selection interviews. *Journal of Applies Psychology*, 80, pp. 565–579.

Dipboye, R. L. (1992). *Selection Interviews: Process Perspectives*. Cincinnati, OH: South-Western.

Dipboye, R. L., & Jackson, S. J. (1999). Interviewer experience and expertise effects. In R. W. Eder, & M. M. Harris (Eds.). *The Employment Interview Handbook*. Thousand Oaks, CA: Sage, pp. 259–278.

Dipboye, R. L., Wooten, K., & Halverson, S. K. (2004). Behavioral and situational interviews. In J. C. Thomas (Eds.). *Comprehensive Handbook of Psychological Assessment*, 4, Industrial and Organizational Assessment. Hoboken, NJ: John Wiley & Sons Inc., pp. 297–316.

Einhorn, E. H., & Horgath, R. M. (1975). Unit weighting schemes for decision making, *Organizational Behavior and Human Performance*, 13, pp.171–192.

Field, H. S., & Gatewood, G. D. (1988). Development of a selection interview: A job content strategy. In R. W. Eder, & G. R. Ferris (Eds.). *The Employment Interview : Theory, Research, and Practice*. Sage Inc., pp. 145–157.

Gibb, J. L., & Taylor, P. J. (2003). Past experience versus situational employment: interview questions in a New Zealand social service agency. *Asia Pacific Journal of Human Resources*. 41, pp. 371–383.

Huffcutt, A. I., & Arthur, W., Jr. (1994). Hunter and Hunter (1984) revisited: Interview validity for entry-level jobs. *Journal of Applied Psychology*, 79, pp. 184–190.

Huffcutt, A. I., Conway, J. M., Roth, P. L., & Klehe, U. (2004). The impact of job complexit and study design on situational and behavior description interview validity. *Internationa Journal of Selection and Assessment*, 12, pp. 262–273.

Janz, J. T. (1987). The selection interview: The research wisdom versus recent research. In Dolan S., & Schuler R. (Eds.). *Canadian Readings in Personnel and Human Resource Management* St. Paul, MN: West.

Kirchner, W., & Dunnette, M. (1971). Identifying the critical factors in successful salesmanship. In G. Yukl & K. Wexley (Eds.). *Reading in Organizational and Industrial Psychology*. New York; Oxford University Press. pp. 358–370.

Latham, G. P., Wexley, K. N., & Pursell, E. D. (1977). Training managers to minimize rating errors in the observation of behavior. *Journal of Applied Psychology*, 60, pp. 550–555.

Leanne, S. (2004). *How to Interview Like a Top MBA*, McGraw-Hill. 지석배 역. 「면접, 능력이 아니라 기술이다」. 비지니스맵, 2008.

Lievens, F., & De Paepe, A. (2004). An empirical investigation of interviewer-related factors that discourage the use of high structure interviews. *Journal of Organizational Behavior*, 25, pp. 29–46.

Rowe, P. M. (1963). Individual differences in selection decision. *Journal of Applied Psychology*, 47, pp. 304–307.

Ryan, A. M., McFarland, L., Baron, H., & Page, R. (1999). An international look at selection practices: Nation and culture as explanations for variability in practice. *Personnel Psychology*, 52, pp. 359–391.

Simola, S. K., Taggar, S., & Smith, G. W. (2007). The employment selection interview: Disparity among research-based recommendations, current practices and what matters to human rights tribunals. *Canadian Journal of Administrative Sciences*, 24, pp. 30–44.

Taylor, F., & O'Driscoll, M. (1995). *Structural Employment Interviewing*. Hampshire, U.K.: Gower.

Thorton, G. C. & Byham, W. C. (1982). *Assessment Centers and Managerial Performance*, New York: Academy Press.

Tucker, D. H., & Rowe, P. M. (1977). Consulting application form prior to the interview: An essential step in the selection process, *Journal of Applied Psychology*, 62, pp. 283-287.

Tullas, W. L. (1989). Relational control in the employment interview. *Journal of Applied Psychology*, 74, pp. 971–977.

제 6 장

지원자의 인상관리전략

제6장 지원자의 인상관리전략

제 1절 인상관리의 의의

인상관리(impression management)는 면접자와 지원자가 면접 중 상호작용이나 자기표현(self-presentation)을 하는 동안 자신에 대한 긍정적 이미지를 형성하기 위한 의식적 또는 무의식적 시도라고 정의할 수 있다. 인상관리는 기본적 사회적 행동으로 선발, 성과평가, 승진, 보상과 같은 핵심적 인적자원 결정에 중요한 영향을 미치고 있다. 고용면접은 인적자원관리에서 중요하게 연구되는 분야 중 하나이지만, 최근에 와서야 면접맥락 안에서 인상관리에 대한 체계적인 연구가 진행되고 있다. 고용면접에서는 지원자나 면접자 모두 좋은 인상을 형성하여 상대방에게 좋은 영향을 주려고 한다. 즉, 면접자는 자격있는 지원자를 유인하고자 하며, 지원자는 면접에서 합격하고자 노력한다. 인상관리는 면접상황에서 다양한 역학관계를 이해하는 데 유용하다. 지원자가 직무에 관심을 갖고 있는 한, 지원자는 면접자에게 좋은 인상을 주기 위한 인상관리전략을 쓸 것이다. 또한, 고용면접과 관련된 높은 모호성과 불확실성(예를 들면, 면접을 통과할지의 여부)은 지원자가 인상관리에 신경을 쓰게 한다. 따라서 고용면접에서 인상관리가 어떻게 면접결과에 영향을 미치는지에 대해 이해할 필요가 있다. 면접맥락 속에서 인상관리 과정을 이해함으로써 향후 지원자나 면접자에게 효과적인 인상관리전략을 조언해줄 수 있으며 또한 정확한 평가를 위해 면접자 훈련에 활용될 수 있다.

제 2 절 고용면접에서의 인상관리

<그림 6-1>은 고용면접에서 인상관리가 고용면접의 결과에

〈그림 6-1〉 고용면접에서 인상관리의 과정과 영향

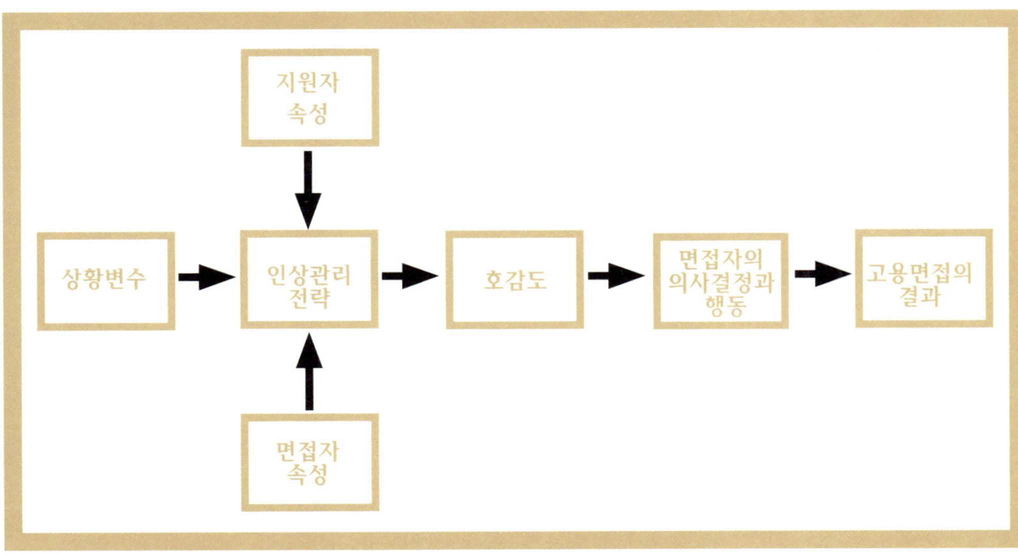

어떻게 영향을 미치는지에 대한 전체적인 분석틀을 보여주고 있다(Ferris and Judge, 1991). 지원자의 인상관리전략에 영향을 미치는 요인들은 크게 3개의 범주(지원자 속성, 면접자 속성, 상황속성)로 나눌 수 있으며, 이러한 범주 속에서 지원자의 적절한 인상관리전략은 지원자에 대한 면접자의 호감도에 영향을 미쳐 이후의 지원자에 대한 면접자의 판단과 의사결정에 영향을 미치게 된다. 비교적 단기간 동안 실시되는 고용면접에서 좋은 인상을 형성하기 위한 지원자의 인상관리는 언어적 행위, 비언어적 행위 그리고 인공장식으로 구성된다(Schneider, 1981).

제 3 절 인상관리전략에 영향을 미치는 요인들

지원자의 인상관리전략에 영향을 미치는 요인들, 즉 지원자 속성, 면접자 속성, 상황적 속성별 특징을 살펴보면 다음과 같다.

1. 지원자 속성

면접상황에서, 지원자 속성은 지원자에 대한 면접자의 관심과 인상에 영향을 미치는 요인을 의미한다. 억양 및 음색, 신체언어, 자세 및 성, 연령, 체중, 인종과 같은 신체적 조건들이 면접자의 지원자에 대한 판단에 영향을 미치는 요인들로 생각할 수 있다.

나이가 많고, 면접경험이 많은 지원자일수록 시선 마주침(eye contact)을 유지하며, 긍정적인 이미지를 투영하고자 하는 의도가 강하다(Fletcher, 1990). 성별은 조직에서 사회화 및 권력 차이와 관련이 있으며, 여성지원자의 경우 면접자가 여성이면, 면접에 보다 솔직해지려는 의도를 보일 수 있다(Fletcher and Spencer, 1984).

지원자 속성 중 나이에 따른 필요한 인상과 효과적인 인상관리 전략은 아래와 같다.

〈표 6-1〉 지원자 나이별 효과적인 인상관리전략

나 이	특 징	인상관리전략
50세 이상	기민성, 활동성 등의 신체능력에서의 적합이 부족	· 나이 이슈를 중립화시키기 위해서 운동에 관한 이슈를 언급하고, 사전에 운동을 시작하는 것이 좋으며, 오랜 기일이 소요되고 잦은 출장이 요구되었던 프로젝트를 묘사하는 것도 좋음 · 보수적이면서도 현대적 스타일을 갖춘 옷차림과 외모, 액세서리 활용
	유연성 부족	· 답변에 있어서 반복하는 모습 등의 고집스럽거나 집착하는 모습을 지양해야 함 · 최신 프로그램의 활용능력 및 젊은 세대가 선호하는 팝송, 가수, 배우 등을 언급하는 것이 좋음
30세 이하	지적 수준과 성숙성 부족	· 포지션의 자격요건에 관계된 다년간의 경험을 전달하는 비네트* 를 작성하고, 이를 적절히 인용하는 것이 효과적임 · 부적절한 언어나 속어(알지요, 끝내 주네요, 짱), 과도하게 높은 목소리 톤을 피해야 함

주) *비네트: 그림을 보듯 화려한 필치의 간략한 문장 또는 서술.

2. 면접자 속성

면접자 속성은 면접자의 의사결정능력에 영향을 미치는 면접자의 개인적 특성(예를 들면, 성별, 연령 및 경험, 성격 등)을 의미하며, 지원자는 면접자 속성에 따라 효과적인 인상관리전략을 선택할 수 있다. 면접자의 개인적 특성에 기인한 지각적 영향으로는 유사성에 근거한 귀인('similar-to-me' attribution)[1]을 들 수 있는데 이것은 면접자 자신과 지원자 사이의 유사성에 근거하여 인상을 형성한다는 것을 의미한다.

1) 면접자 지각에 대한 인상관리전략

지각된 유사성은 태도, 관심 또는 집단소속 등에 기초를 둘 수 있으며 직무와 관련이 없는 경우에는 평정오류를 유발시킬 수 있는데, 지원자의 입장에서는 이러한 속성들을 충분히 이해한 후, 효과적인 인상관리전략을 선택해야 한다.

〈표 6-2〉 면접자 지각에 영향을 미치고자 하는 지원자의 인상관리전략

요 인	면접결과에의 영향	지원자의 인상관리전략
유사성 (similarity)	· 면접자는 자신과 비슷하게 지각되는 지원자에게 긍정적 평가를 내림 · 면접자들은 지원자가 일단 자신과 유사하다고 지각하면 추가적 정보를 더 이상 활용하지 않음	· 면접자의 취미, 소속집단, 태도, 관심 등을 파악하여 지원자 자신도 동일하다는 것을 강조

1) 귀인(attribution): 사람의 행동 원인을 추론하는 과정. 예를 들면, 회사 내에서 일과시간이 끝난 후에도 퇴근하지 않고 늦도록 일하는 사람을 보고 어느 상사가 '저 사원은 회사를 위해서 참 열심히 하는 대단한 사람이야' 또는 '저 사람은 야간수당을 받기 위해 일하는 거야'라고 추론할 수 있다. 어떻게 추론하느냐에 따라 그 사람의 행동에 대한 평가가 달라지게 된다.

호감도 (likability)	· 면접자는 자기가 좋아하는 지원자에게 보다 긍정적 평가를 행함 · 인간관계적 매력은 면접자의 지원자 자격요건을 지각하는 데 영향을 미침	· 인공장식물 사용 · 미소, 눈맞춤, 고개 끄덕임 등 적절한 신체적 언어사용 · 적절한 복장 및 자세

2) 면접자 유형별 인상관리전략

면접자가 대화 스킬이 뛰어날수록, 경험이 많을수록, 나이가 많을수록, 지원자는 본인의 성공에 대한 소유권(entitlement)(즉, 자신의 능력, 열정, 노력 등으로 성공적 결과를 낳았다고 주장하는 것)을 주장하기 보단, 자기홍보(self-promoting)를 더 많이 사용하는 경향을 보인다(Delery and Kacmar, 1995).

〈표 6-3〉 면접자 유형에 효과적인 인상관리전략

면접자유형	특 징	인상관리전략
숙련된 면접자	포지션 자격요건을 수행할 지원자의 능력을 평가하는 데 주로 행위인터뷰 기법사용	· 진땀나는 심문을 참아내고, 각각의 질문에 대해 분명하고 구체적인 용어로 자신감과 열정을 갖고 긍정적인 자세로 답변해야 함 · 면접 말미에 지원하는 직책에 대한 자격요건을 포함하는 비네트를 한 번 이상 제공해야 함
비숙련된 면접자	채용하고자 하는 직책과는 무관한 피상적인 질문 사용	· 지원자가 직책 자격요건과 관련된 성과를 보다 적극적으로 제시해야 함 · 압박하거나 통제하려는 인상을 주지 말고 친절하고 겸손해야 함
기를 꺾는 면접자	포지션의 부정적인 측면들을 제시	· 솔직한 평가에 대해서 감사하고, 포지션에 대한 강력한 관심을 표명하며, 입사제안을 받게 된다면 그 지적들을 고려할 것이라고 언급하는 것이 좋음

불법적인 질문을 하는 면접자	부적절한 질문인 지 깨닫지 못하고 불법적인 내용을 질문	· 질문의 이유를 판단하여 직책의 자격요건 중심으로 답변하거나 유머를 사용함으로써 긍정적인 자세를 유지해야 함. 예를 들어, 연령에 대한 질문을 행한다면 웃으면서 아직 은퇴하기에는 상당한 기간이 남아 있으며 주말에는 테니스를 즐긴다고 이야기하면서 연령에 대한 직접적인 응답을 회피할 수 있음

3. 상황적 속성

지원자의 인상관리전략은 고용면접의 상황에 따라 적합성 정도가 결정된다. 면접자의 존재, 면접의 성격 및 모호성, 지각된 인상관리의 유용성, 결정에 대한 면접자의 책임 및 설명필요성, 직무유형 등이 상황적 속성에 해당된다.

인상관리는 타인(면접상황에서는 면접자, 연설상황에서는 청중들)이 존재할 때 높아지며, 과업중심, 무의식적인 감정표현, 규범적이고 의례화된 행위를 야기하는 환경에서는 낮아진다(Jones & Pittman, 1982). 면접과업이 모호할 때, 즉 구조화되어 있지 않았을 때, 지원자의 인상관리전략이 영향력을 미칠 수 있는 여지가 더 크기 때문에, 지원자는 더 많은 인상관리를 활용한다. 또한, 면접자가 직무에 대한 정보 및 면접목적에 대한 정보가 부족할 때, 지원자의 인상관리는 면접자의 의사결정에 보다 큰 영향을 미칠 수 있다.

지원자는 인상관리가 고용결정에 유용하다고 지각될 때, 실제 고용면접에서 환심사기(ingratiation)전략을 더 많이 사용하려고 한다(Stevens, 1997).

고용결정에 대한 면접자 책임이 높은 경우 젊은 지원자는 나이가 많은 지원자들보다 긍정적으로 평가받는 경향이 있다. 또한, 추천에 대한 설명을 해야 하는 면접자는 그렇지 않은 면접자들보다 보다 많은 기질귀인(dispositional attributions)을 한다(Gordon et al, 1989).

고용하고자 하는 직무유형에 따라서 효과적인 인상관리전략은 다음과 같다. 첫째, 직무유형에 적합한 최상의 이미지와 자질들을 판단한다. 둘째, 지원자 본인의 이미지 및 자질과 비교 평가하여 직무에 적합한 이미지와 자질들을 잘 보여주었던 과거의 구체적인 사례를 제시한다.

〈표 6-4〉 직무유형별 인상관리전략의 예

직무유형	인상관리전략
감독자 직무	• 공격적인 인상관리전략(환심사기, 자기홍보 등)을 사용
보조 직무	• 편집보조와 같은 직무에서는 너무 공격적인 것보다는 소극적 스타일을 유지
고객서비스 직무	• 효과적인 인상관리가 직무성공을 위해서 필수적인 것으로 간주될 수 있으며, 고용결정에 주요한 영향을 미침

제 4절 인상관리기법

1. 인상관리 기법의 유형

지원자는 면접자에게 좋은 인상을 주기 위해서 다양한 기법을 사용한다. 인상관리기법은 언어적 기법, 비언어적 기법, 인공장식물의 활용을 포함한다(Schneider, 1981).

(1) 언어적 기법: 환심사기(ingratiation), 자기홍보(self-promotion), 부정(denial) 등.

(2) 비언어적 기법: 시선 맞춤, 표정, 끄덕임, 제스처, 자세, 목소리 톤 속도 등.

(3) 인공장식물 활용: 의류, 향수, 그루밍 등.

2. 언어적 인상관리기법의 유형

주요 인상관리기법으로 언어적 기법이 많이 활용며, Tedeschi와 Melburg(1984)는 언어적 인상관리기법을 아래의 두 가지 기준(2x2)으로 총 4개로 분류한다.

	공 격 적	방 어 적
전 략 적	공격적 전략적 행위	방어적 전략적 행위
전 술 적	공격적 전술적 행위	방어적 전술적 행위

구 분	기준 설명
공격적(assertive)	바람직한 이미지를 창출하고자 하는 행동으로 면접에서 지원자가 좋은 인상을 주기 위해서 통상 채택한다
방어적(defensive)	지원자에 대한 부정적이거나 바람직하지 못한 인식을 방어하는 행동이다
전략적(strategic)	개인의 평판을 구축하기 위한 개인의 장기적인 관심과 관련이 있다
전술적(tactical)	잘 모르는 사람과의 대화같이 즉각적이고 단기적인 이슈들을 다룬다

(1) 공격적 전술적 행위 지원자는 제한된 시간 내에 매력적인 이미지를 만들기 위한 시도를 함. 긍정적 사건에 대하여 본인의 기여도를 주장, 환심사기(ingratiation), 위협(intimidation), 간청(supplication)이 여기에 분류된다.

(2) 공격적 전략적 행위 지원자 배경의 능력, 지위, 자격, 매력 등 지원자의 특성강화. 이런 특성은 지속적이고 개발에 시간이 걸리기 때문에 면접 동안 인상관리를 통하여 수정하기 어렵고 면접 전에 장기에 걸친 개발계획을 통하여 형성하여야 한다. 예를 들어, 자신에 대한 일반적 평판을 높이기 위해 지원자는 평소 봉사활동을 하거나 능력개발활동을 할 수 있다.

(3) 방어적 전술적 행위 보통 지원자가 곤경에 빠졌다고 지각할 때 사용된다. 그러나 많이 사용하면 역효과가 생길 수 있다. 변명(excuses), 합리화(justifications), 사과(apologies)가 여기에 분류된다.

(4) 방어적 전략적 행위 실패에 대한 장기적인 적응과정과 실패의 원인에 대한 합리화가 여기에 해당된다. 약한 체력, 술중독, 정신

질환을 합리화(justification)하기 위해서 사용할 수 있지만, 고용면접에서는 긍정적인 이미지형성에 효과적이지 않기 때문에 이 행위는 잘 사용되지 않는다.

언어적 인상관리기법으로 효과적으로 사용되는 공격적 전술적 행위와 방어적 전술적 행위는 아래와 같다.

구분	인상관리기법		설명 및 주요예시	
공격적 전술적 행위	환심사기	(ingratiation)	타인으로부터 매력이나 선호를 불러일으키고자 하는 기법	
		타인강화 (other-enhancement)	면접자를 칭찬하거나 아첨	회사에서 겪었던 면접관님의 생생한 경험을 들을 수 있어서 정말 즐거웠습니다. 특히 면접관님께서 이 회사와 주요 경쟁사들의 차이점에 대해 허심탄회하게 설명해 주신 것에 대해서도 감사드립니다
		의견동조 (opinion conformity)	면접자의 가치나 태도에 대한 언어적 지지	면접관님께서 말씀하신 대로 중요한 회사 일이 있다면 늦게까지 남아서 업무를 마무리하는 것은 당연하다고 생각합니다 (면접관의 의견에 동의할 때에 고개를 끄덕여 동조함을 자연스럽게 표현하는 것이 좋음)
		조직과의 부합 (fit with organization)	조직의 가치나 태도와 자신의 가치와 태도가 유사함 을 표현	저는 이 회사가 팀 중심적이고, 팀들의 의견을 존중하는 문화를 가지고 있으며, 지역 맞춤형 마케팅 캠페인을 성공적으로 수행해 왔다는 것을 알고 있습니다. 때문에 이 회사에서 일하는 것은 저처럼 기업가정신을 가지고 있는 사람들에게 매우 보람된 기회라고 생각합니다.
	자기홍보	(self-promotion)	지원자 자신, 미래계획, 과거성과 등에 대해 긍정적으로 진술	
		성과에 대한 소유권 (entitlement)	긍정적인 결과를 낳은 일에 대한 책임이 본인에게 있다고 주장	이미 영업 매니저로 일하면서 반기 만에 매출액을 30% 이상 향상시킨 경험이 있습니다. 이는 영업 매니저로서 성공적으로 스텝들을 구성하고 다양한 마케팅 캠페인들을 진행하여 이루어낸 성과였습니다

	극복 (overcoming)	목표를 성취 하는 데 있어 난관을 어떻게 극복했는지를 말함	과거 매니저로 일하면서 초기에 부하 직원들과 원활하게 커뮤니케이션 하지 못하였습니다. 원인이 직접적인 비판방식에 있다는 것을 알고, 저의 스타일을 수정하면서 칭찬과 구체적인 비판을 적절히 사용하여, 업무 분위기를 화기애애하게 바꾸었습니다.
	간접적 자기반영 (basking in reflected glory)	평판 좋은 기관·인물과 연관성을 드러냄	저는 몇몇 프로젝트 건으로 금융업계의 전문가인 A씨와 긴밀하게 일했으며, 자동차 제조회사의 CEO인 B씨와 저는 중요한 합작회사 건으로 같이 일한 경험이 있습니다
방어적 전술적 행위	사과 (apology)	부정적 결과에 대한 자신의 책임인정 후, 후회하는 모습 보임	제가 제 인생에서 저지른 가장 큰 실수는 대학시험에서 부정직한 일에 동참한 것이었습니다. 그것은 어리석은 일이었으며, 변명의 여지가 없는 잘못입니다
	부정 (denial)	발생한 사태가 아무 일도 아니라고 주장	해외경험이 없다고 해서 글로벌 마인드가 없다고 생각지 않습니다. 외국친구와의 펜팔교류 및 외국잡지 독서를 통하여 글로벌 마인드를 높이기 위한 노력을 꾸준히 해 왔습니다
	재구성 (reframing)	사태의 발생은 인정하지만 부정적으로 보이지 않는다고 주장	저의 대학생활에서 1,2학년의 학점은 좋지 못했습니다. 아르바이트와 학업간에서 균형을 잡느라 매우 힘들었던 시기였지만, 그 균형점을 찾으려는 노력을 포기하지 않았으며, 어떻게 해서든 그것들을 잘 조절하여 두 가지 과제를 잘 해내려고 노력했고, 그 과정을 통해 가장 큰 자산인 시간 관리 능력을 개발할 수 있었습니다
	분리 (dissociation)	사태가 발생 은 인정하지만 자신이 원인이 아니라고 주장	이전 직장이 폐업을 하였지만, 이는 직원들의 잘못이 아니라 과도한 신규투자로 인하여 현금흐름이 막혔기 때문입니다
	변명 (excuse)	부정적인 결과에 대한 책임은 인정하지만, 정상참작을 주장	봉사활동 경험이 없습니다. 이는 등록금을 부모님께 지원받지 못하여 스스로 학비를 조달하느라 봉사활동을 할 수 있는 시간이 충분하지 못하였기 때문입니다

합리화 (justification)	부정적 결과가 당연히 일어날 수밖에 없는 상황을 주장	말씀하신 대로 저의 학점은 좋지 못합니다. 불행하게도 저는 대학을 다닐 때 전공에 그다지 관심도 없었고 열심히 공부하지도 않았습니다. 대신 저는 대학을 다양한 관심사와 사상을 접할 기회로 간주했습니다. 많은 동아리 활동에 참여했고, 노숙자들을 위한 봉사활동을 포함한 다양한 봉사활동을 통해 많은 것을 느꼈습니다
간청 (supplication)	본인이 어찌할 수 없는 상황과 불쌍함을 강조	가족의 생계를 책임지는 가장으로서 책임감있게 최선을 다하겠습니다. 열심히 일할 수 있는 기회를 꼭 부탁드립니다

제 5 절 인상관리의 영향

면접상황에서 인상관리는 면접의 신뢰도나 타당도를 저하시킬 수 있다. 따라서 면접자는 지원자의 인상관리전략에 휘말리지 않도록 주의하여야 한다.

실무에서는 면접자는 지원서나 이력서 등에 의해 지원자에게 면접 전 인상을 가질 수 있다. 이런 면접 전 인상은, 이미 언급한 바와 같이, 면접과정과 결과에 크게 영향을 미친다. 따라서 지원자에 대한 면접자의 면접전 인상을 좋게 만드는 것은 하나의 전략적 인상관리기법이라고 할 수 있다. 지원자의 잘 표현된 지원서나 이력서는 지원자에게 매우 긍정적으로 작용될 수 있다. 반대로, 엉성한 지원서나 이력서는 면접자에게 부정적 이미지를 심어 면접자는 면접을 시작하기도 전에 불합격을 내심으로 결심할 수 있다.

전술적 인상관리로 지원자나 면접자가 실제로 대면하며 이야기할 때 적용되는 것으로 지원자가 합격과 불합격의 경계 상태에 있는 상황을 제외하고는 그다지 영향을 못 미치는 것 같다. 다시 말하면 지원자의 자격과 배경이 아주 좋거나 또는 아주 나쁜 상황에서는 전술적 인상관리는 그다지 효과가 없다. 또한, 과도한 인상관리는 부정적 효과를 결과할 수 있다. 과도한 인상관리는 면접자로 하여금 지원자의 행위나 태도가 가식적 또는 조작적이라고 느끼게 만들어 낮은 평가를 결과할 수 있다. 따라서 고용면접에 있어서 지원자는 '적절수준'의 인상관리가 보다 효과적일 수 있다.

〈표 6-5〉 **면접실무 착안사항**

① 지원자는 긍정적인 첫 인상을 가지기 위해서 잘 정리된 지원서나 이력서를 준비해야 함
② 면접자도 조직의 홍보를 위해서는 인상관리가 중요하다
③ 과도한 인상관리에 유의해야 함
- 상황과 면접자 특성파악
- 자연스럽고 적절한 수준
- 면접연습
- 적절한 조합 활용- 언어, 비언어적, 인공물 장식 등
④ 면접자는 지원자의 인상관리 전략에 휘말리지 않아야 한다(면접의 타당도 저하).

참고문헌

Baron, R. A. (1986). Self-presentation in job interviews: When there can be "Too much of a good thing." *Journal of Applied Social Psychology*, 16, pp. 16–28.

Delery, J. E., & Kacmar, K. M. (1995). The use of impression management tactics in the employment interview: An investigation of the influence of applicant and interviewer characteristics. Paper presented at the annual meeting of the Society for Industrial and Organizational Psychology, Orlando, FL.

Ferris, G. R., & Judge, T. A. (1991). Personnel/human resources management: A political influence perspective. *Journal of Management*, 17, pp. 447–488.

Fletcher, C., & Spencer, A. (1984). Sex of candidate and sex of interviewer as determinants of self-presentation orientation in interview: An experimental study. *International Review of Applied Psychology*, 33, pp. 305–313.

Fletcher, C. (1990). The relationships between candidate personality, self-presentation strategies, and interviewer assessment in selection interviews: An empirical study. *Human Relations*, 43, pp. 739–749.

Gilmore, D. C., & Ferris, G. R. (1989). The politics of the employment interview. In Eder, R. W., & Ferris, G. R. (Eds.). *The Employment Interview: Theory, Research, and Practice*. Sage Inc., pp. 195–215.

Gordon, R. A., Rozelle, R. M., & Baxter, J. C. (1989). The effect of applicant age, job level, and accountability on perceptions of female applicants. *Journal of Psychology*, 123, pp. 59–68.

Jones, E. E., & Pittman, T. S. (1982). Toward a general theory of strategic self-presentation. In J. Suls (Eds.). *Psychological Perspectives on the Self*. 1, pp. 231–262.

Schneider, D. J. (1981). Tactical self-presentation: Toward a broader conception. In J. T. Tedeschi (Eds.). *Impression Management Theory and Social Psychological Research*. New York: Academic Press, pp. 23–40.

Stevens, C. K. (1997). The effects of preinterview beliefs on applicants' reactions to campus interviews. *Academy of Management Journal*, 40, pp. 947–966.

Tedeschi, J. T., & Melburg, V. (1984). Impression management and influence in the organization. In S. B. Bacharach, & E. J. Lawler (Eds.). *Research in the Sociology of Organizations,* Greenwich, CT: JAI, 3, pp. 31–58.

제 7 장

면접상황

제7장 면접상황

제1절 의　　의

산업심리학자들은 고용면접을 전통적으로 측정의 문제로 다루어 왔다. 따라서 상당수의 연구가 면접질문과 척도의 개발, 그리고 면접오류의 감소와 같은 분야에 집중되어 왔다. 그러나 이러한 측정 위주의 관점은 면접도구의 개발에 도움을 주었으나 실제 조직에서 수행되고 있는 고용면접을 이해하는 데는 한계를 보인다.

최근에는 고용면접을 사회심리학적 관점에서 면접자와 지원자의 개인적 특성이나 면접환경의 요인을 포함시켜 연구하기 시작하였다. 사회심리학적 접근에서는 고용면접을 면접자가 지원자의 특성, 즉 역량에 대한 정보를 획득하는 면접자와 지원자의 동태적 상호작용으로 파악한다. 이런 관점에서는 고용면접은, 첫째 측정도구보다는 의사결정에 도움을 주는 기능이며, 동시에 둘째 사회적 상호관계를 반영하는 시스템으로 파악하고 있다. 이처럼 고용면접은 측정도구 외에도 지원자에 대한 정보수집을 필요로 하며, 기본적으로 면접자(제4장)와 지원자(제6장), 그리고 면접 시스템(제5장) 등의 요소를 포함한 다양한 변수가 개입되어 있는 복잡한 상호작용

시스템이다.

Schneider(1983)는 상호작용(Interaction)이란 '상호적 행동교환'(reciprocal action-transaction)으로 정의하고 있다. 이 정의는 사람과 사람 사이에는 바닷가의 바닷물이 들어오고 나감과 같은 자연적 흐름이 있어, 일방적인 인과관계(one-way causal)의 가정에서는 현실세계를 잘 나타내지 못함을 의미한다. 또한 사람은 상황에 반응할 뿐만 아니라 상황을 창조하기도 하며, 이런 작용이 미래의 행동을 결정하기도 한다는 것이다. 상호주의적 관점(interactional perspective)은 개인과 상황 사이의 양방향적 상호작용(feed-back)에 의해서 행동이 결정된다고 보고 있다. 이를 좀더 고찰하여 보면 다음과 같다.

〈그림 7-1a〉 개인과 환경의 상호작용: 환경의 선택과 수용

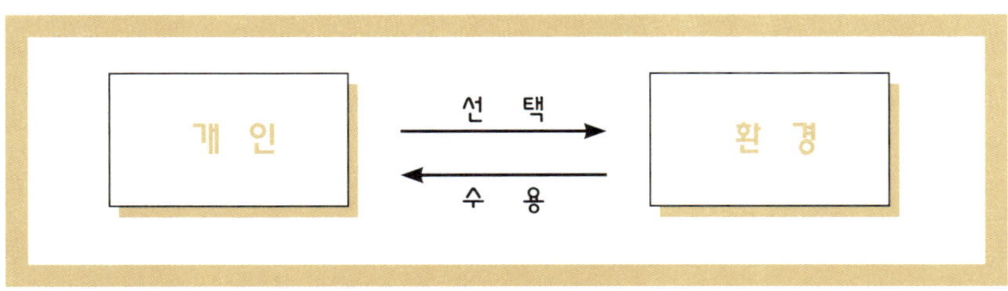

〈그림 7-1b〉 개인과 환경의 상호작용: 환경 속에서의 개인행동

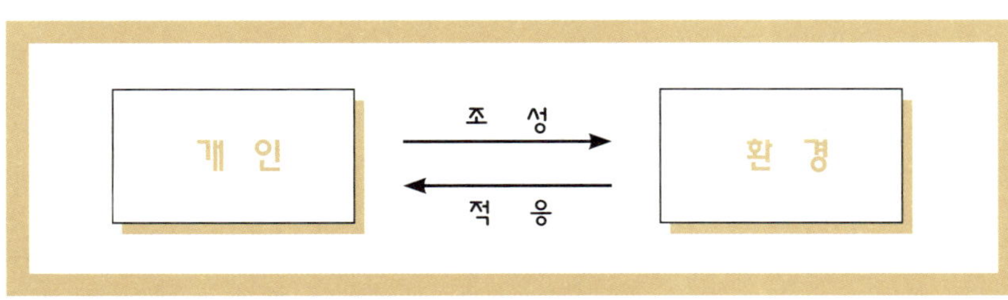

먼저 개인은 주어진 환경 속에서 태어나 어쩔 수 없이 받아들여야 하는 상황도 있지만 상당수의 경우에는 우리는 우리에게 유리한 환경을 선택할 수 있다. 예를 들어, 지원자는 자신에게 가장 유리한 직장을 선택하고자 하며 조직도 조직에 가장 유리한 지원자, 즉 높은 성과를 보이며 직장에서 오래 근무할 사람을 선발하고자 한다. 더욱이, 우리는 주어진 환경 속에서 가능한 한 환경을 자신에게 유리하도록 만들고자 한다(shaping: 조성). 만약 환경의 변경이 가능하지 않다면 우리는 환경의 요구에 순응하여야 한다(adaptation: 적응). 환경과의 관계에서 수용과 적응은 수동적 전략, 그리고 선택과 조성은 능동적 전략이라 할 수 있다(황규대, 2008).

고용면접을 위주로 생각할 때, 조직은 조직이나 지원자 상황에 맞게 유동적으로 설계되고 실시되는 경향이 있다(적응). 또한 조직은 새로운 형식의 고용면접을 통하여 선발 시스템을 변화시키거나 더 나은 사람을 선발하고자 한다(조성). 실제로 실무에 있어서 다른 선발도구(예를 들면, 생애자료, 지필검사, 작업표본 등)와는 달리 선발면접은 이런 경향 때문에 '표준화된 검사'로서의 지위를 잃기 쉽고 타당도 일반화(validity Generalization)가 위협을 받는다. 면접에서는 이러한 상황 요인을 줄이기 위해서 면접을 면접 질문내용과 순서들을 구조화하려고 한다. 그러나 면접상황은 면접내용의 표준화 이상으로 면접시간의 길이, 물리적 환경, 의사결정의 책임 정도, 면접목적(즉, 지원자 유인과 선발 사이의 상대적 중요도) 등과 같은 다양한 요소들을 포함하고 있으며, 이들은 면접에서 간과할 수 없는 중요한 상황적 요인들이어서 고용면접을 전적으로 구조화하기는 어렵다. 상황요인은 크게 물리적 요인과 조직적 요인으로 나눌 수 있다.

〈표 7-1〉 상황요인의 유형

물리적 요인	면접시간, 물리적 환경
조직적 요인	선발률 직무정보 제공 여부 면접목적 역할 명료성 책임성 면접결과의 영향력

지금부터 면접이 물리적 및 조직적 상황이 면접에 어떻게 영향을 미치는지를 살펴보자.

제 2 절 물리적 요인

1. 면접시간

면접시간은 질문의 수와 직접 관계가 있다. 또한 면접시간이 길면 면접 운영과 관련된 비용이 증가한다. 면접시간의 길이는 내적 일관성(internal consistency)에 직접적인 영향이 있다. 면접시간이 길면 지원자에 대한 보다 안정적이고 비교 가능한 평정을 내릴 수 있다. 일반적으로 높은 자격수준을 요구하는 직무에 대한 지원자를 면접할 때에는 평가해야 할 정보가 많기 때문에 시간이 길어지는 경향이 있다. 그러나 너무 긴 면접시간은 지원자와 면접자 모두에게 부정적 반응을 가져올 수 있으므로 유의해야 할 것이다.

▶ 면접시간과 관련한 연구에서 Tullar 등(1979)은 15분간 계획된 면접에서 의사결정에 시간을 적게 사용한 면접자는 자격이 낮은 지원자에게는 낮은 점수를 주고 자격이 높은 지원자에게는 좋은 점수를 주는 경향을 보고하고 있다. 즉 의사결정 시간이 늘어날수록 자격 있는 지원자와 자격이 낮은 지원자 사이의 평가 차이는 줄어드는 경향이 있다. 그러면 면접시간에 대한 합리적인 판단과 상황은 무엇인가? 1시간을 초과하는 면접은 지원자와 면접자에게 피곤함을 줄 수 있으며 면접이 아주 짧으면 지원자들도 자신을 충분히 표현할 수 없었다고 느껴 부정적으로 반응할 것이다.

▶ 대부분의 면접은 30분에서 60분 사이이며 질문은 대개 15~20개 정도 행함

2. 면접의 물리적 환경

면접시에는 면접자와 지원자의 주의가 흩어지지 않도록 조용한 환경을 조성하여야 한다. 일반적으로 지원자는 면접에 있어서 상당한 스트레스를 받고 있기 때문에 주위의 조그마한 소음이나 방해에도 민감하게 반응하며 초점을 잃기 쉽다(Camp 등, 2001).

면접장소, 의자, 조명 등이 효과적인 면접을 위해 고려해야 할 요소이다. 면접자와 지원자 사이의 의사소통을 촉진할 수 있는 거리를 유지하며, 면접시 주의를 산만하게 하는 전화울림, 바깥환경이 보이는 외부 창문, TV모니터, 외부 잡음과 같은 주위의 방해물들(distractions)을 제거하거나 이러한 방해물을 피해 면접을 수행할 필요가 있다. 이런 사항을 모두 잘 이해하고 있지만 실무에서는

잘 안 이루어지는 경우도 있다. 지원자가 적거나 경력직의 경우에는 면접이 면접자가 일하는 공간에서 실시되는 경우가 종종 있다. 주위의 시선, 전화, 사무실 소음, 빈번한 간섭적 업무 등으로 지원자의 관심을 흩뜨려 놓을 수 있다.

〈표 7-2〉 물리적 환경의 조건

- 주의가 흩어지지 않도록 조용한 환경조성
- 편안한 공간과 의자
- 편안한 기분과 조명 유지
- 면접자와 지원자 사이의 의사소통을 촉진할 수 있는 거리 유지
- 방해물(Distraction: 전화벨울림, 외부잡음 등) 제거
- 기타 산만하게 하는 모든 것을 정리

제 3 절 조직적 요인

1. 선 발 률

선발률(selection ratio)이란 총 지원자 수에 대한 채용 인원수의 비율을 말하는 것으로서 직무에 관한 인력수요(예를 들면, 채용인원)와 자격 있는 지원자 풀(pool)에 의해 결정된다. 내부 및 외부 노동시장의 역동성은 지원자 풀(pool) 규모에 영향을 주어 면접자의 판단에 영향력을 미친다. 즉, 동일한 자격을 지닌 지원자들이 노동시장 조건에 따라 다르게 평가될 수 있다(Webster, 1982). 만약 노

동시장의 환경이 노동수요가 노동공급을 초과한다면, 면접자는 선발보다는 모집에 초점을 두게 되어 지원자들은 부풀린 평정을 받을 것이다. 반면에, 자격 있는 지원자 풀(pool)이 과거에 비해 크다면 지원자들은 보다 엄격한 평가를 받을 것이다.

2. 직무정보 제공 여부

면접자가 면접 전에 가지는 정보의 양이 면접의 의사결정에 크게 영향을 미친다. 면접자가 직무에 대해 거의 정보가 없다면 직무요건에 대해 잘못된 가정을 내리고 이로 인해 잘못된 의사결정을 내릴 수 있다. 직무에 대한 정보가 없다면 면접자는 직무에서 무엇이 요구되는지에 대한 자신의 가정에 의존할 수밖에 없는 상황에 처해버리는 것이다. 이러한 가정은 면접자마다 서로 다를 수 있다. 또한 면접자가 직무와 관련 없는 정보를 수집하여 의사결정에 활용할 수 있기 때문에 평정오류가 발생할 수 있다(Camp 등, 2001).

3. 면접의 목적

고용면접의 목적은 첫째, 지원자가 직무를 잘 수행할 수 있는지의 여부를 정확히 측정하고, 둘째 직무나 조직의 긍정적인 측면을 홍보하여 지원자의 직무수락결정에 영향을 미치고, 셋째 직무의 보상과 도전에 대한 균형잡힌 관점을 체크하여 지원자가 적절한 의사결정을 내리도록 하기 위해서이다.

면접자는 고용면접이 어떤 목적에 주안점을 두는지에 따라 수집하는 정보와 면접행동을 다르게 한다. 면접의 목적은 지원자를 모집하는 것뿐만 아니라 이들을 고용했을 때 조직에 오랫동안 남아 직무를 잘 수행할 수 있는지를 파악하기 위함이다. 고용면접은 지원자 유인(attribution)과 선발(selection)이라는 두 가지 목적 이외에도 지원자가 조직참여 여부에 대한 의사결정에 도움을 줄 수 있도록 현실적 직무정보(realistic job information)를 제공할 수 있어야 한다(Eder, 1999). 왜냐하면, 조직 구성원이 자신의 직무에서 당면할 일에 대해서 명확한 이해를 가지고 있다면 그는 직무상 도전을 알지 못했을 때보다 더 잘 감당할 수 있기 때문이다. 직무에 대한 긍정적 측면뿐만 아니라 부정적 측면(도전)을 지원자에게 균형적으로 제공할 수 있어야 한다. 직무상 부정적 측면이란, 열악한 작업조건, 빈번한 출장여행, 그리고 부서간 갈등 등을 말한다.

4. 역할 명료성

면접자는 면접에서 무엇을 추구하여야 하는지를 알아야 하고 또한 지원자가 제공한 정보를 어떻게 처리할지를 알아야 한다. 면접자가 면접중 수행하여야 할 역할의 명료성(role clarity)은 크게 지원자가 채용시 수행하여야 할 과업의 범위와 명확성 그리고 지원자가 면접을 위한 준비상태와 훈련의 정도에 달려 있다. 직무가 복잡할수록 지원자의 자질을 적절히 평가하기가 어려우므로 타당한 판단을 행하기 위해서는 지원자의 인지스킬(cognitive skill)에 더 의존하게 된다.

면접자의 면접 업무의 명료성 증진과 면접자가 지원자를 판단

〈그림 7-2〉 역할 명료성에 미칠 면접자의 요인

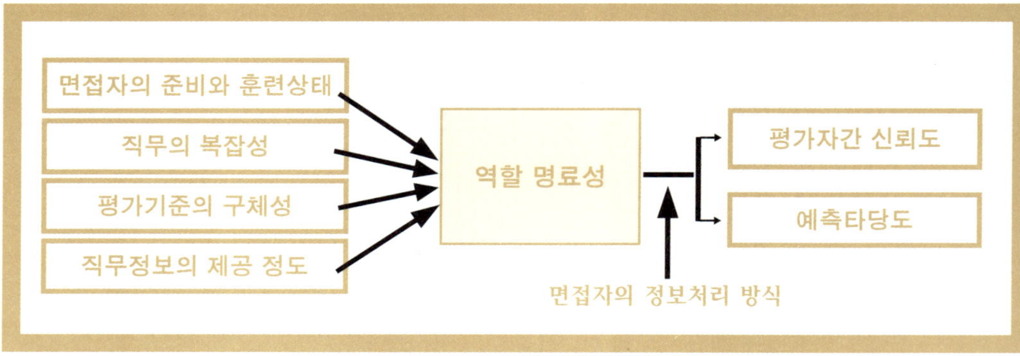

시 직무와 연관성 있는 기준에 초점을 맞추게 하는 것은 면접자의 '순간결정'(snap decision) 가능성을 줄이게 한다. '순간결정'은 통상 지원자의 외모, 고정관념(stereotyping) 그리고 개인적 선호도 등에 의해 영향을 받는다(Buckley와 Eder, 1988). 면접자 훈련과 같은 방법으로 역할의 명료성을 증대시키는 것은 보다 극단적인 평정을 결과하는 '순간결정'의 가능성을 줄인다.

▶ 역할의 명료성(role clarity)과 면접목적은 면접자가 어디에 어떻게 집중하며 면접을 수행할 것인가에 영향을 미친다. 반면에 결과성(consequentiality)과 책임성(accountability)은 면접자가 판단을 형성하는 데 동기적 영향을 미친다.

5. 책임성(accountability)

책임감을 갖게 하는 것은 면접자로 하여금 다른 사람에게 자신의 판단을 정당화시키는 사회적 압력을 창출하는 것이다.

Tetlook(1983)에 의하면 면접자의 의사결정을 정당화하여야 한다는 단순한 기대는 최근성 효과(recency effect)를 줄이고, 중요한 정보의 적절한 회상을 늘리며, 다차원적인 정보처리를 활성화한다. 면접자도 좋은 직책을 담당하고 싶고 조직 내 다른 사람으로부터 인정과 존중을 받기를 원하는 '정치적 인간'이기 때문에 면접자가 책임감을 느낄수록 보다 정확하게 지원자를 평가한다.

▶ 책임성(accountability)에 관련한 연구로 Rozetle과 Baxter(1981)는 면접비디오를 보기 전에 판단자들의 책임감을 조작하였다. 높은 책임감 상황에 있는 사람들은 그들의 판정이 해당 직원 미팅에서 논의될 것이고, 지원자들도 그들의 보고서를 읽을 것이라고 하였다. 반면에 낮은 책임감 상황에 있는 사람들에게는 그들의 판정은 비밀로 유지될 것이며 누구한테도 노출되지 않을 것이라고 이야기를 들었다. 높은 책임감 상황에 있는 사람들은 보다 정확하게 지원자의 특징을 기술하였다. 즉 높은 책임감은 면접자로 하여금 보다 철저한 정보처리자가 되게 하고 변화하는 환경에 대응하여 첫 인상을 수정할 의사가 더 있었다. 책임감에 대한 연구들은 정보를 수집하기 전에 의사결정자에게 책임감을 심어주는 것이 중요하다는 것을 보여준다.

6. 면접 결과의 영향력

면접자의 동기를 제고하는 한 방법은 면접자가 의사결정에 대하여 '책임을 느끼는' 상황을 만드는 것이다. 면접의 결과가 조직에 중대한 영향을 미칠수록 면접자는 책임감을 강하게 느낄 것이다. 책임감의 인식은, —즉 면접결과가 조직에 미치는 영향력은 면접자 개인이 부담해야 하는 의사결정에 대한 위험, 전체 선발과정에 있어서 면접자 판단의 비중, 잘못된 결정이 조직에 미치는 영향 등—다양한 요인에 의해 영향을 받는다.

〈표 7-3〉 면접결과의 영향력 정도

낮다 ←-----------------→ 높다						
요 인	모집면접		선발면접		최종판단면접	
	패 널	단 독	패 널	단 독	패 널	단 독
개인적 위험부담 (책임분담포함)	낮음	중간정도	중간정도	높음	높음	매우높음
조직에의 비용 (채용되어야할 직무의 중요성)	낮음	중간정도	중간정도	높음	높음	매우높음

영향력 정도가 낮으면 면접자들은 인지적 노력을 축소하고 직관적인 인상에 의존하는 경향이 있다. 또 면접의 중요성을 인정하지 않고 바쁜 하루 일과 중의 하나의 사건이라고 생각한다.

제 4 절 실무에의 제언

이상의 논의를 실무에 적용한다면 다음과 같다.

(1) 면접시 편안하고 쾌락한 물리적 환경을 제공하라. 지원자가 편안한 느낌에서 면접하며, 소음과 같은 물리적 환경에 의해 면접

이 방해받지 않도록 한다.

(2) 적절한 면접시간은 30~60분임을 상기하라. 면접이 효과적이도록 필요한 만큼의 질문을 하며, 지원자가 피곤함을 느끼지 않도록 한다. 면접자의 여유시간과 쉬는 시간도 고려할 필요가 있다. 면접에 대한 정리평가, 새로운 면접자 자료검토, 면접자간 토론할 여유와 쉬는 시간이 이에 해당한다.

(3) 면접자는 면접 전에 직무에서 요구되는 요건과 역량 등 필요 직무 정보를 숙지하라.

(4) 면접자는 해당 직무 또는 직군의 지원자에 관한 사전 정보를 파악하도록 한다.

(5) 면접자들이 혼란을 겪지 않도록 역할을 명확히하라.

㈎ 질문 순서를 미리 결정하는 방법을 이용하여 면접을 구조화한다.

㈏ 평가 방법을 결정(각자 개별 평가 후 취합 또는 평가 후 패널토의 등)한다.

참고문헌

황규대 저. (2008).「에센스 인적자원관리」. 박영사, p.17.

Buckley, M. R., & Eder, R. W. (1988). Springbelt, B. M. and the Notion of the "Snap decision" in the interview. *Journal of Management*, 14, pp. 59–67.

Camp, R., Vielhaber, M. E., & Simonetti, J. L. (2001). *Strategic Interview*, University of Michigan Business School Management Series.

Eder, R. W. (1999). Contextual effects. In R. W. Eder & M. M. Harris (Eds.). *The Employment Interview Handbook,* Sage Inc., pp. 197-216.

McAllizster, P. W., Mitchell. T. R., & Beach, L, R. (1979). The contingency model for the selection of decision strategies. An empirical test of the effect of significance, accountability and reversibility. *Organizational Behavior and Human Performance*, 24, pp. 228–244.

Rozelte, R. M., & Baxter, J. C. C. (1981). Influence of role previous on the perceiver judgment of videotaped interviews varying judge accountability and responsibility. *Journal of Applied Psychology*, 66, pp. 437–441.

Schneider, B. (1983). Interactional psychology and organizational behavior. In L. L. Cummings, & M. Staw (Eds.). *Research in Organizational Behavior*. Greenwich, CT: JAI, 5, pp. 1-31.

Tetlook, P. E. (1983). Accountability and the complexity of thought. *Journal of Personality and Social Psychology*, 45, pp. 74–83.

Tetlook. P. E. (1983). Accountability and perseverance of first impressions. *Social Psychology Quarterly*, 46, pp. 285–292.

Tullar, W. L., Mullins, T. W., & Caldwell, S. A. (1979). Effect of interview length and applicant quality on interview decision time. *Journal of Applied Psychology*, 64, pp. 669–674.

Webster, E. C. (1982). *The Employment Interview: A Social Judgment Process*, Schomberg, Ontario, Canada; S.I.P.

제 8 장

면 접 과 정

제8장 면접과정

김○○는 첫 캠퍼스 면접을 실시하기 위해 출근하는 아침에 자신의 면접 스킬에 대해 자신감을 가지고 있었다. 그는 어떤 면접훈련을 받지 않은 적도, 지원자를 면접한 경험도 많지 않지만 면접을 잘 수행할 수 있을 것이라고 느꼈다. 스스로 다른 사람을 정확히 판단할 수 있는 능력이 있다고 생각해 왔으며 그의 면접 경험이 그의 신념이 옳다는 것을 확인시켜 주었다. 지원자의 지원서를 검토해보면 그는 지원자가 면접을 잘 수행할 수 있는지를 실수없이 예측할 수 있었다. 실재로 김○○가 지원서를 보고 우수하다고 판단한 지원자들은 면접을 훌륭하게 치루었다. 김○○는 그렇게 높게 평정한 지원자들을 추가적인 검사를 위해서 본사에 초청하였다. 반면 지원서를 통해 좋은 종업원이 되기 힘들다고 판단된 지원자들은 실제도 면접 질문에 잘 응답을 하지 못하였다. 그러면 그는 더 이상 고려 대상에서 제외하였다. 김○○는 이런 과거의 경험을 통해 지원자를 면접하는 것은 비교적 쉽다고 생각하였다. 그는 심지어 지원서가 충분한 정보를 제공하고 있으므로 면접이 불필요한 건 아닌가 생각하기도 했다.

김○○는 아주 우수한 판단자일까 아니면 지원서를 통해 형성된 자신의 초기 예측을 확인하고자 하는 동기에서 지원자에게 긍정적인 면접 행동을 한 것은 아닌가?

면접은 면접자와 지원자 사이의 '역동적 상호작용'(dynamic interaction)이다. 면접자와 지원자는 질문－응답－경청－탐색적 질문 등의 사이클을 통하여 면접자는 지원자가 조직(또는 직무)에 적합한지를, 지원자는 조직(또는 직무)가 자신에게 적합한

그림 8-1〉 면접정보의 처리 및 의사결정과정

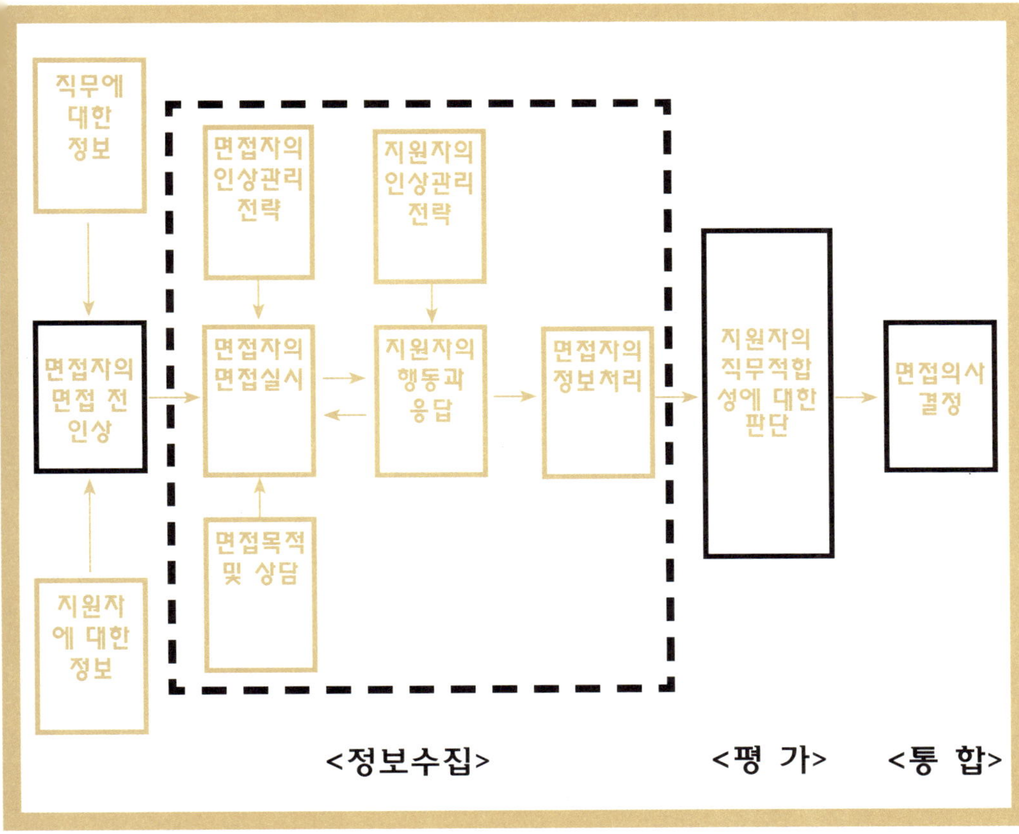

지를 판단하게 된다. 먼저 면접과정에 대한 전반적인 분석틀을 논의한 후, 면접과정을 설명하는 다양한 이론을 고찰하기로 한다. 이어서 면접과정을 개별적으로 검토한다. 면접과정은 정보수집, 평가 및 통합 등 3가지 기본과정으로 구성되어 있다. 이에 대한 구체적 과정은 <그림 8-1>에 제시되어 있다.

제 1 절 면접정보의 처리 및 의사결정과정

면접은 면접자와 지원자 사이의 '역동적 상호과정'(dynamic interaction)이다. 즉, 면접과정은 면접자는 지원자에 대해서, 그리고 지원자는 회사에 대한 정보를 수집하는 과정이다.

(1) 면접실시 전에 면접자는 지원자에 대한 정보(예를 들면, 지원서, 시험성적 등)와 직무에 대한 정보(예를 들면, 직무수행에 필요한 구체적인 지식, 스킬 및 능력과 개인특성)에 대한 자료를 제공받을 수 있다.

(2) 면접자는 지원자와 직무에 대한 전반적 인상을 형성함으로써 그들의 면접업무를 단순하게 하려고 시도한다. 즉 면접자는 면접실시 전에 가용한 정보에 의해 면접 전 인상을 형성할 수 있다.

(3) 면접자는 면접 도중에 얻어진 정보를 해독하고 통합하여 지원자가 직무에 적합한지를 판단한다.

(4) 면접자의 질문, 지원자의 반응, 정보처리 그리고 적합성 판단 과정은 면접 내내 되풀이되고 지원자가 직무에 적합한지에 대한 면접 후 최종판단과 함께 끝이 난다. 지원자도 질문을 통하여(허락된다면) 회사에 대한 구체적 정보를 얻을 수 있다.

제 2 절　면접과정에 대한 이론들

면접은 면접자와 지원자 사이의 상호작용과정이다. 상호작용은 면접자와 지원자 양측간 면접 전 인상, 면접과정 그리고 면접 후 인상으로 구성되어 있다.

1. 면접 전 인상

1) 지원자의 면접 전 인상

(1) 지원자도 면접에 대해 인상을 형성할 수 있다.

(2) 지원자는 친구와의 대담 또는 다른 형태의 정보에 근거하여 조직문화를 파악하여 그에 맞게 행동하고자 한다. 만약 지원자가 특정조직이 스트레스면접을 수행한다고 하는 것을 안다면 면접중 행동에 대한 중요한 지침이 될 것이다.

(3) 여성 지원자는 전통적인 남성 면접자와 면접할 때는 보다 여성스럽게(즉, 외모를 포함하여 언어적으로나 비언어적으로) 행동한다(Sherk & Zanna, 1981).

2) 면접자의 면접 전 인상의 역할

(1) 면접 전 정보는 면접자의 질문유형과 패턴에 영향을 미친다.

(2) 면접자는 지원자에 대한 면접 전 인상을 확인하는 질문을 행한다(Dipboye, 1982).

(3) 인상적이지 못한 이력서나 지원서의 지원자에게는 인상적인 이력서와 지원서의 지원자에 비해서 더 많은 부정적 질문을 수행한다(Binning, Goldstein, Garcia & Scattaregia, 1988).

(4) 면접 전 인상은 면접자의 비언어적 행동에도 영향을 미치는 것 같다.

(5) 면접자는 지원자의 성, 인종, 연령 또는 문화적 배경(지원자의 이름에서 추론) 등에 의해 면접 전 인상을 형성한다. 예를 들어, 인종적으로 편견을 지닌 면접자는 해당 인종의 지원자는 좋은 지원자가 아니라는 가정을 확인하기 위해서 지배적 언어행동과 비언어적 행동으로 면접을 시작한다(예를 들어, 앞으로 몸을 기울이거나, 눈접촉이 거의 없거나, 웃음이 없거나 준엄한 표정 등). 만약 지원자가 면접자의 이런 행동에 의해 주눅이 든다면, 지원자의 면접수행은 부정적으로 영향을 받을 것이다.

3) 면접자의 확인적 행동

확인적 행동(confirmatory behavior)이란 개인이 자신의 가설을 확인하거나 지지하기 위해 정보를 찾는 행동을 말한다(Dougherfy와 Turban, 1999). 이러한 확인적 행동은 사회심리학 연구(Snyder, 1984; Snyder, Campbell과 Preston 1982; Snyder와 Swan, 1978)에서 주로 소개되었는데 Harris(1989)는 면접에서도 이러한 확인적 행동이 일어날 수 있다고 주장하고 있다. 면접자들은 면접 전에 지원자에 대해서 호의적인 인상을 가지면 지원자에게 더 긍정적으로 행동하는 경향을 가진다(Dougherfy et al., 1994; Phillips & Dipboye, 1989). 호의적인 면접 전 인상을 가진 면접자는 (1) 지원자와 더 많은 시간을 보내고, (2) 호의적인 면접결과를 지원자의 내재적 요인으로 귀인시키는 경향이 있으며, (3) 면접 후에도 긍정적인 인상을 형성한다. 그리고 (4) 지원자에게 직무와 회사를 홍보하거나 더 많은 정보를 제공하기도 한다.

지원자에 대한 면접자의 첫 인상 또한 확인적 행동과 연관된다. 면접자는 지원자의 첫 인상이 긍정적일수록, (1) 질문을 많이 하고, (2) 패쇄형(close-ended) 질문을 많이 하며, (3) 사후 탐색적(follow-up/probing) 질문들은 더 적게 한다.

(1) 확인적 행동은 면접의 타당도를 감소시키는가 면접자의 확인적 행동은 면접에서 심각한 편향(bias)을 발생시키고 면접의 타당도를 감소시키는가? 확인적 행동은 면접자가 면접에서 다른 선발도구(예를 들면, 지원서나 지원시험)에서 얻을 수 없는 직무 관련 정보를 수집하는 과정을 저해하는 한 편향의 원인이 될 수 있다. 이러한 경우 확인적 행동은 증분타당도(incremental validity)를 약화시킨다. 예를 들어 지원자에 대해 정확하지만 부정적인 첫 인상을 가진 면접자는 부정적인 정보를 찾기 위한 탐색적(probing) 질문을 더 함으로써 정확하겠지만 부정적인 면접평가를 내릴 것이다. 그러나 부정적인 첫 인상이 정확하지 않다면 이러한 확인적 행동은 지원자에 대한 정확한 직무관련 정보를 수집하는 것을 저해함으로써 면접 판단의 타당도를 약화시킬 것이다.

(2) 확인적 행동에 영향을 미치는 요인 면접에서 확인적 행동에 영향을 미치는 요인으로는 상황적 요인과 개인적 요인이 있다.

상황적 요인
- 면접의 구조화
- 계획된 면접시간
- 면접자 훈련

개인적 요인
- 인지욕구(need for cognition)
- 진실성(conscientiousness)
- 자기모니터링(self-monitoring)

(가) 상황적 요인　질문의 내용과 순서 그리고 질문 평가 방법 등에 대한 면접의 구조화는 면접자의 자유재량을 줄여 비구조적 면접보다는 확인적 행동의 가능성을 줄일 수 있다. 또한 사전에 계획된 면접시간은 면접자가 의사결정에 필요한 시간에 영향을 미쳐 확인적 행동의 양을 조절한다(Buckley & Eder, 1988; Tulas, Mullins와 Caldwell, 1979). 면접자에게 특정 방식으로 질문을 하도록 훈련을 제공한다면 훈련은 확인적 행동의 가능성을 줄일 수 있다.

(나) 개인적 요인　인지욕구(need for cognition)가 높은 사람은 자극을 추구하고 획득하고 사고하는 경향이 있으며 인지욕구가 낮은 사람은 사실을 이해하는 데 인지적 휴리스틱(cognition heuristic)[1] 방식에 의존하는 경향이 있다(Cacioppo, Petty, Fleistein과 Jaris, 1996). 따라서 인지욕구가 높은 면접자는 지원자에 대한 자세한 정보를 추구하는 욕구가 있어 인지욕구가 낮은 면접자보다 확인적 행동을 할 가능성이 적다.

---

1) 휴리스틱(heuristic): 주먹구구식 또는 시행착오를 통하여 자기발견적으로 해답을 찾음.

2. 면접 과정

면접자와 지원자는 면접중에 지속적으로 상대방의 언어 및 비언어적 정보를 처리하며, 상대방의 언어 및 비언어적 정보를 자신의 행위를 조정하는 데 활용한다.

1) 교환적 상호작용(reciprocal interaction) 분석

지원자의 반응은 크게 상호적 반응(reciprocal response)과 보상(compensation)으로 나눌 수 있다.

(1) 상호적 반응 면접자의 미소와 눈 접촉은 지원자도 똑같이 행동하도록 유도한다. 면접자가 심각해지면, 지원자도 심각해진다.

(2) 보 상 면접자가 지원자와 눈 접촉을 하지 않으면 면접자의 질문에 대한 지원자의 응답이 짧아진다(Kleinke, 1986).

(3) 반응시기 언제 상호적 반응(또는 보상)이 일어날지는 각성상태(arousal state)에 의해 결정된다(Patterson, 1982). 개인이 다른 상대방에 긍정적 느낌을 가지고 있고 친밀한 비언어적 행동(예를 들면, 눈 접촉, 신체 접촉 등)을 받는다면 유사한 행동으로 상호적으로 반응한다. 부정적 상태에서는 보상이 발생하고, 긍정적 상태는 상대방과의 유사성을 지각했을 때 발생한다.

2) 자기충족적 예언

자기충족적 예언(self-fulfilling prophecy)이란 어떤 상황에 대한 면접자의 잘못된 신념이 지원자에게 새로운 행동을 하게 하여 초기의 잘못된 생각이 현실화되는 것이다(Merton, 1948). 다시 말해서 어떤 예상(prophecy)이 실제로는 거짓이지만 사실이라고 말해지면 지원자에게 영향을 미쳐(지원자를 불안하게 하거나 논리적으로 혼란시킴으로써) 결국 지원자의 반응을 왜곡시킴으로써 잘못된 예언이 실현(fulfill)된다는 것이다. 면접자의 초기 신념 또는 초기 예상은 정확할 수도 있고 잘못된 것일 수도 있다. 면접의 타당도는 면접자의 초기 신뢰의 정확성 유무에 따라 강화되거나 감소될 수 있다. 또한 자기충족적 예언을 통해 형성된 행위적, 인지적 편향(bias)은 면접자의 기대가 지원자 평가에 미치는 영향을 매개하여 면접의 타당도를 약화시킬 수 있다(Dipboye, 1982).

자기충족적 예언은 다음의 3단계를 통하여 발생한다(Eder, 1990).

(1) 면접자는 지원자의 행동에 대해서 믿음 또는 예상을 가진다.

(2) 이런 예상은 면접자로 하여금 지원자에 대해서 특정한 방식으로 행동하게 한다.

(3) 지원자는 예상된 방식으로 행동하여 면접자는 자신의 예상을 확신하다.

3) 면접의 행동유형

질문 종류와 같은 면접자의 언어적 행위뿐 아니라 면접자의 비언어적 행위 또한 지원자의 면접결과에 영향을 미친다. Turban과 Dougherfy(1992)은 면접자의 행동이 지원자의 고용제안 수용과 직무에 대한 지원자의 관심에 미치는 영향에 대한 연구에서 면접자들이 지원자에게 관심을 보이고 지원자가 면접을 편하게 느낄수록 지원자가 고용제안을 수용할 가능성과 직무에 관심을 보일 가능성이 더 커진다는 사실을 발견했다. Liden, Martin과 Parsons(1993)은 면접자의 행동유형을 '차가운' 행동과 '따뜻한' 행동으로 나누고 이러한 행동이 지원자의 면접중의 언어 및 비언어적 행위에 어떻게 영향을 미치는지를 알아보기 위해 실험실 연구를 실시하였다. '차가운' 면접자 행동이란 눈 접촉이 없고 의자에 기대 비스듬히 앉거나 미소를 보이지 않는 행동 유형을 의미하며 '따뜻한' 면접자 행동이란 앞으로 앉고 때때로 미소를 보이며 지원자를 바라보며 90% 이상 눈 접촉을 하는 행동 유형으로 구분된다. 연구 결과 '차가운' 면접자 행동은 지원자의 언어 및 비언어적 행동에 부정적 영향을 미치며 이러한 영향은 지원자의 자신감이 적을 때 더욱 두드러졌다.

이와 같은 면접자의 행동유형에 대한 연구는 면접을 선발도구뿐 아니라 모집도구로 인식하려는 경향과 연결된다. 면접자가 어떻게 행동하느냐가 조직이나 직무에 대한 지원자의 태도에 영향을 미친다는 사실은 역량있는 지원자를 모집하려는 조직의 입장에서 중요한 문제다.

4) 자기검증(self validation) 모형

> 고용면접은 상대방에 대한 신념과 관계를 상호작용을 통하여 연속적으로 형성하는 동태적 상호작용이다 (Cahn, 1976).

(1) 면접과정 동안에 지원자와 면접자 모두 자기 자신에 대한

〈그림 8-2〉 면접에서 발생되는 면접자와 지원자 사이의 정보처리과정

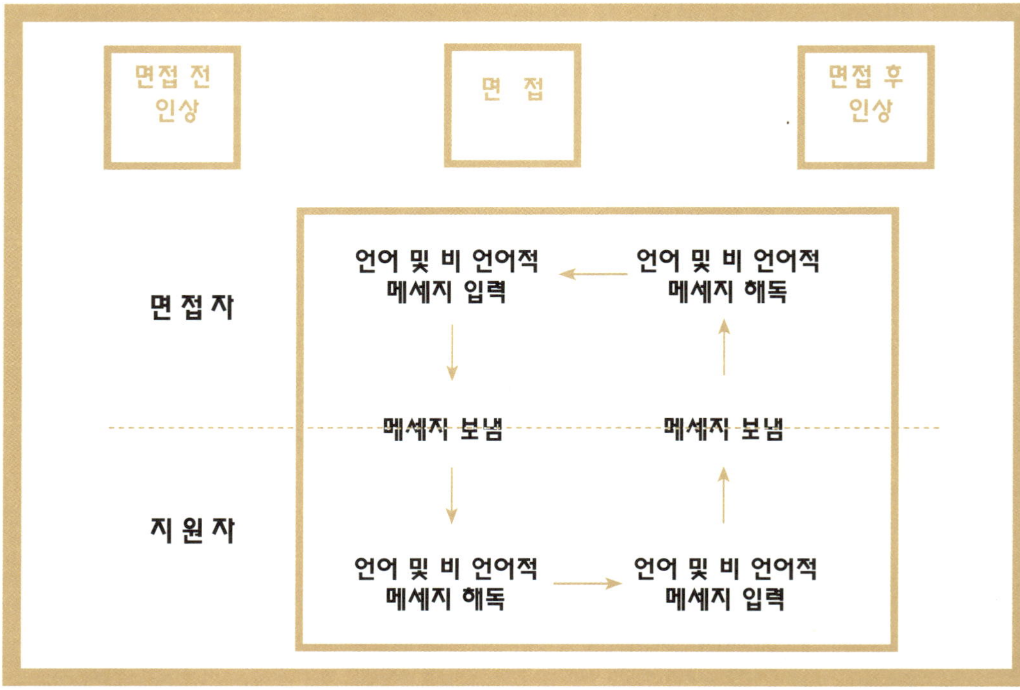

자기개념(self concept)[2]과 초자기개념(metaself concept)[3]을 형성한다. 이러한 지각은 면접과정중에 교환되는 '언어적 및 비언어적으로 구성된 상징적 정보의 상호교환작용'을 통하여 형성된다. 면접과정에 있어서 면접자와 지원자 사이의 정보처리과정이 <그림 8-2>에 제시되어 있다.

(2) 면접자와 지원자는 면접 초기에 각자의 자기개념을 서로에

---

2) 자기개념(self concept): 개인의 목적, 장소 그리고 다른 사람과의 관계에 대한 정보.

3) 초자기개념(metaself concept): 타인이 자기를 어떻게 보는가에 대해 개인이 느끼는 자기개념.

게 표현하고, 다음 단계에서는 초 자기개념을 형성하고, 세 번째 단계에서는 면접자와 피면접자는 각각 자신의 자기개념과 초 자기개념을 비교하여 인간관계(interpersonal relationship)를 형성한다.

5) '지원자가 당연시 여기는'(take it for granted) 가정

고용면접에 있어서 지원자들이 '당연히 받아들이는' 3가지 가정이 있다(Shaw, 1983).

(1) 면접자의 주된 책임은 지원자의 이야기를 듣고 자격요건을 평가하는 것이다.

(2) 면접자가 묻는 어떤 질문도 적절하다고 가정되며 지원자의 응답이 요구된다.

(3) 지원자의 주된 책임은 자신의 자격요건과 느낌을 표현해야 하는 것이다.

이러한 가정은 면접과정에 영향을 미친다.

(1) 지원자의 자격요건에 관심을 보이지 않음으로써 면접자가 첫 번째 가정을 위반했다고 지원자가 느꼈을 때 지원자는 자신의 자격요건에 대해 더 자세히 설명하거나 또는 침묵을 지키고 정보제공을 하지 않을 수 있다.

(2) 면접자가 면접상황과 관계가 없어 보이는 질문을 했을 때, 즉 두 번째 가정(질문의 적절성)이 위반되었을 때에도 지원자는 대답을 하여야 한다고 느낀다. 따라서 면접은 지원자가 적절하다고 느끼는 주제(즉, 직무에 대한 지원자의 자격요건)가 아닌 다른 주제에 초점을 맞추는 경향이 있다.

(3) 지원자는 면접에서 표현(expression)해야 한다는 가정은 많은 지원자로 하여금 침묵과 중간쉼(pause)을 회피하게 만든다. 즉 지원자는 자유로운 상호작용을 위해 노력하고 면접자 질문에 즉각적으로 응답하여야 한다는 부담감을 갖게 하며, 응답에 신중한 생각을 하지 못하게 한다.

3. 부정적 정보의 영향

1) 부정적 정보의 과도한 영향

직무지원자를 정확히 선발하는 일은 인적자원관리에 있어서 핵심적 이슈이다. 부적절한 지원자를 채용하는 것은 조직의 시간, 돈, 그리고 명성에 부정적 영향을 미치므로 면접자들은 면접에서 부적절한 지원자를 식별하여 선발에서 제외하고자 한다. 따라서 면접자들은 지원자들에 대해 부정적 정보를 찾는 경향이 있다(Dipboye, 1992; Webster, 1982). Springbelt(1958)는 심지어 면접은 '부정적 정보를 찾는 과정'이라고도 표현하였다. 부정적 정보는 직접적으로 또는 간접적으로 면접자에게 제시될 수 있다. 낮은 학점(Dipboye, Stanler & Fontenelle, 1984), 좋지 않은 추천서(Bele & Rowe, 1983; Tucker & Rowe, 1979), 그리고 좋지 않은 인사기록(Bolster & Springbelt, 1961) 등과 같은 부정적 정보가 면접자에게 직접적으로 제시될 수 있다. 이러한 부정적 정보가 제시되면 면접자는 지원자가 부적절하다고 판단하기 쉽다. 그러나 면접자의 눈에 지원자의 입장을 약하게 하는 언어적 또는 비언어적 행동 등과 같이 면접중에 발생하는 간접적 부정적 정보도 면접자의 판단에 영향을 미친다. 간접적 부정적 정보는 다음과 같은 3가지 형태로 나타난다. 첫째 지원자가 단순히 면접질문에 응답할 수 없을 때, 둘째 질문에 대한 부적절한 반응(예를 들면, 면접자는 구체적인 직장경험을 물어 보았는데 지원자는 학교생활을 이야기하는 경우), 셋째 지원자가 면접질문에 대해 부정적 측면으로 응답(예를 들면, 면접자가 수강과목에 대한 어려움 정도를 물었는데 지원자는 과목의 명칭은 그럴듯하나 실제내용은 아무것도 아니라고 대답하는 경우) 등이다.

2) 부정적 정보의 영향에 관한 연구들

면접자가 면접중 부정적 정보를 추구한다는 사실은 다수의 연구에 의해 확인되었다(Blankeney & MacNaughton, 1971; Bolster & Springbelt, 1961; Carlson, 1971; Dipboye et al., 1984; Hollman, 1972; Peters & Terborg, 1975).

(1) Bolster & Springbelt(1961)의 연구 장교선발에 관한 보고서에서 발췌한 호의적 및 부정적 정보를 16명의 미육군 장교에게 제시하였다. 면접자들도 '수락'에서 '기각'으로의 의사결정의 변경은 반대의 경우(즉, '기각'에서 '수락'으로)보다 쉽게 이루어졌다. 즉 부정적 정보는 긍정적 정보보다 더 큰 비중을 가진다.

(2) Hollman(1972)의 연구 새로운 정보에 의한 의사결정의 변경을 확인할 수 있도록 경험있는 면접자에게 새로운 정보를 제시한 후 지원자를 다시 평가하도록 요청하였다. 이 연구에서 면접자들은 긍정적 정보에 적절한 비중을 두지 않았지만 부정적 정보에 대해서는 적절한 비중을 두었다.

(3) Miller & Rowe(1967)의 연구 이들 연구자들은 다섯 개의 다른 호의적/비호의적 정보의 조합을 연구하였다. 즉, 3개의 호의적 정보와 1개의 부정적 정보, 3개의 호의적 정보와 2개의 부정적 정보, 3개의 호의적 정보와 3개의 비호의적 정보, 2개의 호의적 정보와 3개의 비호의적 정보, 그리고 1개의 호의적 정보와 3개의 비호의적 정보의 조합이 각각 포함된다. 첫 번째 조건 이외에 모든 경우에 있어서 비호의적 정보는 호의적 정보보다 의사결정과정에 있어서 더 큰 영향력을 보여주었다.

(4) Peters & Terborg(1975)의 연구 면접의 어떤 시점에 있어서 부정적 정보가 제시되었느냐에 따라 영향이 달라질 수 있다. 비호의적 정보가 면접 초기에 제시될 때 지원자를 채용할 가능성이 적어진다는 것은 실험연구에서 밝혀냈다. 즉, 초기의 부정적 정보는 면접자를 부정적으로 편향(bias)시킬 수 있다.

3) 면접자가 부정적 정보를 찾는 이유들

(1) Webster(1964) 면접자는 과거의 채용에 있어서 부정적 피드백(예를 들면, 실패한 사람들에 대한 보고서)만 받기 때문에, 추후 면접에 있어서는 동일한 방식으로 실패할 수 있는 지원자를 골라내려고 한다.

(2) Showronski & Carlson(1989) 의사결정과정에 있어서 부정적 정보(negative cue)가 유용할 때(즉, 분석적 정보를 지닐 때) 부정적 정보의 영향이 크다고 주장한다. 예를 들어, 도덕성 평가에 있어서는 부정적 정보의 비중이 크다고 주장한다. 왜냐하면, 나쁜 사람도 때때로 좋은 행동을 할 수 있지만 좋은 사람이 나쁜 행동을

할 가능성은 거의 없기 때문이다. 따라서 도덕성에 대해 부정적 정보가 들어온다면 면접자는 지원자가 나쁜 사람이라고 가정한다는 것이다. 반면에, 긍정적 정보는 능력을 평가할 때 보다 유용하다. 왜냐하면, 높은 능력을 가진 사람도 실패할 수 있지만 낮은 능력을 지닌 사람이 성공할 가능성은 거의 없기 때문이다. 따라서 면접자가 면접도중 능력에 대한 긍정적 정보를 접하게 되면 그 긍정적 정보도 높은 능력에 대한 일반적 현상을 반영하는 것이지 낮은 능력에 대한 예외적 현상을 나타내는 것이 아니라고 믿기 때문에 능력에 대해 높게 평가하는 경향이 있다.

(3) Rowe(1989) 면접자는 채용직무에 대해서 최적 지원자에 대한 윤곽을 형성한다. 이런 이상적 지원자에 대한 모델은 직무에 대한 자격요건은 물론 면접자의 신념, 고정관념(stereotypes), 그리고 편향에 근거하고 있다. 면접 동안, 면접자는 지원자가 '이상형'에 얼마나 근접하는지에 대한 정보를 찾지만 면접자는 지원자가 '이상형'에서 얼마나 떨어져 있는지에 의해 채용결정을 내린다. 즉, 면접자는 자신의 이상형을 확신시켜 줄 정보를 추구하지만, 실제로 면접자의 판단은 이상형과 지원자 사이의 불일치(즉, 부정적 정보)에 의해 달려 있다.

제 3절 고용면접에 있어서 스크립트

1. 스크립트

스크립트(script)는 일반적이고 잘 알려진 상황에서의 사회적 행동(social behavior)을 매개하는 도식(schema)(Abelson, 1981), 또는 한 개인이 예상하는 일관된 사건의 연속(Abelson, 1975)으로 정의된다. 예를 들어, 레스토랑 스크립트는 레스토랑의 입장, 음식 주문, 식사 그리고 음식점에서 나가기의 주요 장면(scene)으로 구성된다. 주요 장면 내에서는 다양한 행동이 일어날 수 있지만, 주요 장면은 거의 반복적으로 일어난다(Schank & Abelson, 1977). 이렇듯 스크립트는 주요 장면들로 구성되어 있으며 장면들은 스크립트가 발생할 때마다 반복적으로 일어나는 주요 활동이다.

면접을 인지적 스크립트로 분석하는 것은 다음과 같은 특징을 지닌다.

(1) 지원자-면접자간 상호작용을 분석하는 체계를 제공한다.

(2) 면접구조의 중요한 측면을 이해하는 데 도움을 준다.

(3) 면접자의 정보처리과정이 부정확한 이유를 제시한다.

2. 고용면접에서의 스크립트

〈표 8-1〉 고용면접에서의 스크립트

장 면	면 접 자	지 원 자
1. 접촉전 활동	· 이력서 검토 · 면접지침 검토 · 질문선택 및 작성 · 면접장소 정리(setting)	· 외모/복장 점검 · 면접장소 도착 · 도착을 알림 · 대기 중 자료 점검
2. 인사 및 관계형성(rapport)	· 인사 · 지원자를 자리에 앉게 함 · 적절한 가벼운 이야기로 지원자를 편안하게 함	· 인사 · 요청 시 자리에 앉음 · 가벼운 이야기로 좋은 인상 제공
3. 직무관련 질문	· 교육배경에 대한 질문 · 경력에 대한 적절한 정보탐색 · 특수한 스킬과 능력 논의 · 지원자의 동기 파악	· 교육배경 제공 · 경력에 대한 자세한 정보 제공 · 개인적 스킬과 능력에 대해 자세히 설명 · 적절한 동기를 보여주려고 시도
4. 지원자 질문에 답변	· 조직에 대한 지원자 질문에 답변 · 조직에 대한 긍정적 인상을 심어주려고 노력	· 임금과 복지후생에 대한 질문 · 경력진전 기회에 대한 질문 · 조직문화, 작업규범 등에 관한 질문
5. 마무리(disengagement)	· 면접이 거의 끝나간다고 암시 · 다음 단계는 무엇인지를 설명 · 일어서서 인사 · 지원자에게 출구를 알려 줌	· 면접이 끝났다는 면접자의 신호를 기다림 · 다음 단계 논의 · 일어서서 인사 · 퇴장

1) 면접자 스크립트

장면 1: 접촉 전 준비 이 장면은 지원자를 만나기 전에 이루어지며 면접자는 면접자와 상호작용을 마지막 순간까지 준비한다(예를 들면, 면접장소의 정리, 지원자의 이력서 검토, 추천서 검토 등). 이 단계에서 면접자는 어떤 순서로 장면을 이끌어갈지 생각한다.

장면 2: 인사 및 관계형성 이 장면은 보통 매우 표준화되어 있다. 가벼운 이야기로 이 장면을 통과하지만, 대부분의 면접자는 지원자를 편하게 하기 위해서 다양한 전략을 지니고 있다(예를 들면, 날씨, 스포츠, 경제뉴스, 공동경험 등에 대한 담소). 담소 주제는 주로 사회적으로 널리 수용 가능한 행동이다.

장면 3: 직무관련 질문 면접자는 바라는 정보를 얻기 위해 개방형 질문, 직접적인 질문, 가상적 질문 등을 다양한 순서로 질문할 수 있다.

장면 4: 지원자 질문에의 대답 이 단계에서 면접상황에 대한 통제가 지원자에게로 넘어가며 지원자의 정보에 대한 욕구에 따라 이 장면은 크게 달라질 수 있다. 면접자는 가장 흔한 질문에 사전에 준비하고 연습을 충분히 하여야 한다. 경험 있는 면접자는 사전에 모든 가능한 질문을 예상하여 사전준비를 통하여 간략히 대답을 한다. 그러나 면접자가 대답할 수 없는 질문이라면, '내 부서가 아니라서 이것에 대해서 잘 모르겠는데 알아보고 알려주겠다'도 만족스러운 대답이다.

장면 5: 마무리(disengagement) 면접에 있어서 가장 표준화된 장면이다. 면접자는 면접이 끝났음을 암시하는 행동을 한다. 즉,

다음 단계를 논의하고, 일어선 다음, 지원자와 악수하고 지원자가 나가는 것을 바라보는 것이 전형적 행동이다.

2) 지원자 스크립트

> 지원자에게 면접은 자주 경험하는 일은 아니지만 매우 중요한 사건이다. 면접의 중요성으로 인해 지원자는 면접행동을 사전에 철저히 준비하는 경향이 있다. 다양한 교육기관에서 면접기술에 대한 과목을 개설하고 있다. 대부분의 경우, 조직화된 역할연기가 면접기술을 습득하는데 효과적이다. 신규졸업자들은 자신이 원하는 직장과 면접하기 전에 다수의 다른 조직과 면접의 기회를 갖는 것이 바람직하다.

장면 1: 접촉 전 행동 면접장소에 도착해서 면접장에 들어가기 전까지 지원자는 외모를 검토하고(예를 들면, 머리 빗기, 화장 검토, 넥타이 바로잡기) 도착을 알린다. 기다리는 동안 마음을 가다듬거나 자료를 검토한다.

장면 2: 인사 및 관계형성 주로 면접자에 의해 주도된다. 그러나 지원자는 다양한 주제를 이야기할 수 있고 사교적이고 호감있게 보이는 것이 중요하다. 지원자에 대한 대부분의 훈련은 지원자가 면접이 시작된 지 수분 내에 좋은 인상을 형성하는 것의 중요성을 강조한다.

장면 3: 직무관련 질문 지원자는 구체적인 질문은 예측할 수 없겠지만, 지원자는 질문내용은 어느 정도 알 수 있다. 이 장면 동안, 잘 준비된 지원자는 응답이 면접자가 추구하는 방향인지를 확인하기 위해서 면접자를 면밀히 관찰하여야 한다. 때때로 지원자는 성과에 관련이 있다고 여겨지는 정보는 구체적으로 요구되지 않아도 정보를 제공할 수 있다. 장면 3에서 지원자행동은 '반 정신 나간 상태'(semi-mindlessness)(즉, 의도적으로 평가하지만 즉흥적으로 응답(mindfully assessing, then mindlessly responding))이라고 특징지을 수 있다.

장면 4: 지원자 질문 직무관련 질문을 마친 다음에 면접자는 장면 4에서 지원자가 대화를 통제하도록 한다. 이 장면은 지원자에 따라 크게 다르다. 통상, 지원자는 임금과 복지후생, 경력개발기회, 작업분위기, 그리고 조직규범 등에 대해 더 많은 정보를 원한다. 지원자는 조직에 대해 현명한 질문(informed question)을 하는 것이 중요하다. 대부분의 지원자는 상황을 통제하고 지성적으로 들리는 질문을 행하는 것이 바람직하다는 것을 이해한다. 지원자가 어느 정도 질문을 했다고 느끼면 면접자가 다시 통제력을 취하여 다음 장면으로 넘어간다.

장면 5: 마무리 마지막 장면에서의 지원자의 역할은 매우 미미하다.

> 지원자는 수행 스크립트(performing script)를 다양한 방법으로 학습할 수 있다. 여러 번 연습을 하거나 실제로 여러 번 면접을 경험하는 것이다.

제4절 면접실시

1. 면접자-지원자 관계형성: 면접자에 대한 제언

(1) 따뜻하게 인사하고 자신을 지원자에게 소개한다. 그리고 지원자에게 어떻게 불러야 할지를 묻는다.

(2) 사소한 이야기로 면접을 시작한다. 그러나 모든 사람이 스포츠와 고등학교생활에 대한 이야기를 좋아하는 것은 아니라는 것을 명심하라. 또한, 무해한 것처럼 보이는 주제도 부적절할 때가 있다(예를 들어, '고향은 어디지요?', '학교에 다니는 자녀들이 있는가요?'). 초점은 가벼운 이야기로 분위기를 부드럽게 하는 것이다.

(3) 면접목적을 지원자와 나누고 쌍방의 상호이익을 표현한다(예를 들면, 당신의 직무관련 경험과 능력에 대해 알아보는 것으로 면접을 시작하겠습니다. 나중에 당신에게 직무 또는 회사에 대한 질문을 받겠습니다. 그래서 우리 모두가 좋은 의사결정을 내릴 수 있기를 바랍니다).

(4) 지원자가 편안하게 이야기할 수 있도록 지원자의 가장 최초의 직업 등과 같은 비교적 친숙한 주제로 시작한다.

(5) 때때로 지원자의 눈 접촉을 하며 즐거운 표정을 유지한다. 공손해야 하며 필요하지 않는 한 지원자의 이야기에 끼여들지 않는다.

(6) '당신과 이야기하는 것이 즐거웠습니다' 등과 같은 친근한 말로 면접을 끝낸다.

2. 확산형 질문

면접초기에 면접자는 폐쇄형 질문을 하며 지원자보다 더 많이 이야기하는 경향이 있다. 지원자는 면접 초기에 말을 삼가함으로써 이런 경향을 부추기는 경향이 있다. 즉, 면접자는 면접 초기에 지원자가 말을 삼가하는 경향이 있기 때문에 확산형 질문방식(inverted funnel question)을 채택할 수도 있다. 확산형 질문방식은 지원자를 자극하며 지원자가 말하는 것에 편안함을 느끼는 데 도움을 줄 수 있다(Tengler & Jabin, 1983).

면접이 진행됨에 따라 질문은 점점 개방형(open ended)이 되어 질문-청취(listen)-탐색적 추가질문(probe)의 정보수집 과정이 된다. 먼저 면접자는 '이력서에 의하면 모회사에서 컴퓨터프로그래머로 일했군요. 그때 당신의 주요 책임은 무엇이었습니까?'라는 개방형 질문(open ended question)으로 논의를 주도할 수 있다. 면접자는 채용할 직무와 일치하는 업무나 책임에 대해 유심히 들은 다음 관련된 경험을 명확히하기 위해 추가적 질문(probe)을 행할 수 있다. 추가적 질문은 어떻게, 왜, 그리고 결과의 순으로 이루어질 수 있다. 즉, 해당 직무를 '어떻게' 처리했으며 '왜' 그 방법을 사용했으며 '결과'가 어떠했는지를 순서대로 물어볼 수 있다.

폐쇄형(closed ended) 질문: 지원자가 간단히 예, 아니오로 대답할 수 있는 질문으로서, 예를 들어 '최근 3년간 XX회사에서 XX업무를 하였나요?' 등과 같이 예, 아니오로 대답할 수 있는 질문이다.

개방형(open ended) 질문: 응답자가 단순히 '예', '아니오'가 아니라 언제, 어떻게, 왜, 무엇을 하였는가를 기술하도록 하는 질문이다. 예를 들면, 'xx회사에서의 주요 책임은 무엇이었습니까'라고 질문할 수 있다.

3. 면접자를 위한 의사소통 전술

(1) 면접초기에 직무나 바람직한 지식, 스킬, 능력 및 기타요건(KSAOs)에 대해 너무 많은 정보를 제공하지 않도록 하라. 그렇지 않으면, 지원자는 바람직한 요인을 반영하면서 질문에 응답하려고 시도할 것이다. 그러나 면접 초기에 직무에서 수행하는 기본적 기능의 목록을 지원자에 제공하는 것은 도움이 된다.

(2) 면접 도중 지원자가 대부분 이야기하도록 하고 지원자가 이야기하는 것을 경청하라.

(3) 지원자 질문에 대해서 놀라움 또는 실망을 표시하지 마라.

(4) 지원자가 응답을 계속하도록 고무하기 위해서 침묵, 머리 끄덕거림 및 미소 전술을 활용하라.

(5) 지원자가 어려운 경험을 서술할 때 적절할 경우에 동정을 보일 수 있다(예를 들면, '어려운 경험을 한 것처럼 들리는군요').

(6) 지원자의 응답에 대해서 논쟁을 피하라. 간단히 말해서, 지원자로부터 당신이 원하는 응답을 유도하지 마라.

(7) 지원자에게 어떤 부정적 정보를 연상시키게 하는 비언어적

자극을 피하라(예를 들면, 신중히 듣기 위해 몸을 앞으로 구부린다든지 하는 행동).

4. 메모하기

메모하기(note-taking)는 기억력 감퇴를 감소시키고 최근성(recency)[4]과 첫인상 효과(first impression)[5]를 줄여 구조화를 강화시킨다. 이러한 이점은 다수의 질문에 근거하여 면접 후에 평정을 할 때 특히 두드러진다.

메모하기는 또한 평정을 정당화시킬 때 필요하다. 이것은 또한 면접자가 응답에 주의를 집중하게 하고 사고를 정리하게 하여 면접의 정확성 제고에 기여할 수도 있다. 메모하기는 중요한 정보가 기록되고 고려되었다는 점에서 법적 방어력을 높일 수 있다. 그러나 면접자는 메모하기에 부담을 느낄 수 있으며 지원자의 응답을 놓칠 수가 있다. 또한 메모하기는 지원자와 눈맞춤을 줄이고, 지원자에게 평가의 두려움을 느끼게 하며 대화의 자연스러움을 깰 수가 있다. 메모하는 방법에는 다음에 제시되어 있는 것처럼 다양하다.

---

4) 최근성 효과: '마지막 인상(last impression) 효과'라고도 불리며, 마지막 인상이 당신의 전반적 반응에 영향을 미치는 현상. 최근성 효과는 첫인상보다는 통상 비중이 적지만 당신의 전반적 인상에 상당한 영향을 미친다.

5) 첫인상 효과: 인간이 지각을 해석할 때 첫인상에 매우 높은 비중을 두는 현상. 즉, 첫 수업, 첫 데이트 또는 직장 출근 첫날에 대한 당신의 인상은 당신의 전반적 반응에 강력하고 지속적인 영향을 미칠 수 있다.

〈표 8-2〉 메모할 때의 고려사항

자세한 정도	자세히	간략히(요점만 기술)
자유재량 정도	요구사항	선택사항
내 용	응답이나 사실기술	판단 또는 평가에 대한 기술
시 기	면접 도중	면접 후

이들 조합에 의해 다양하게 실시될 수 있다. 그러나 실무에서는 보통 다음과 같은 세 가지 형태로 실시될 수 있다.

(1) 면접 중 광범위하게 받아쓰기가 요구됨.

(2) 면접 후 간략하게 요약정리를 선택적으로 행함.

(3) 메모하지 않음.

〈표 8-3〉 메모하기에 대한 실무적 제안

- 우선 중요한 사항만 요점을 기록하게 한다.
- 패널(panel) 면접의 경우에는 한 사람을 지적해서 메모하기를 하게 한다. 모든 질문 유형별 메모하기 업무를 분담할 수도 있다.
- 비디오나 오디오 녹화가 메모하기를 대신할 수도 있다. 그러나 이런 녹화를 보는 것도 시간이 많이 들고 메모하기에 발생하는 인지적 정보처리과정이 발생하지 않는다. 그러나 오디오 녹취는 방어적 목적으로 행해질 수 있으며 면접자가 메모에 신경을 쓰지 않아도 되므로 면접이 보다 성실히 될 수 있게 한다..

5. 지원자 질문

지원자들은 직무와 조직에 대해 많은 질문이 있는 것이 당연하다. 통제되지 않은 지원자의 질문은 예상할 수 없는 방향으로 면접내용을 변경시키기 때문에 면접의 구조화를 감소시킨다. 때때로, 면접자가 면접과정을 합리적으로 통제하지 못할 수도 있다. 따라서 구조적 면접에서는 면접중 지원자의 질문은 허용하지 않는 것이 보통이며 면접이 끝난 후에 지원자에게 질문의 기회를 주는 것이 보통이다. 캠퍼스 모집의 경우에는 공식적 면접 전에 회사 설명회 등을 통하여 잠재적 지원자들에게서 질문을 받는다. 즉, 면접 전에 별도의 회의를 통하여 질문을 받는 방법이다. 이렇게 함으로써 전통적 면접은 보통 대화식으로 이루어지므로 면접자나 지원자가 모두 질문을 할 수 있다. 그러나 구조화된 면접에서는 면접자가 지원자 질문을 지원자 평가에 사용되는 것을 방지할 수 있다. 그러나 지원자가 모호한 질문을 명확히하기 위한 질문은 허용할 수 있다.

제 5절 면접에 있어서 평가와 통합

면접에 대한 평가와 통합은 개별질문 별 평정, 평가요소(역량) 별 평정, 지원자에 대한 종합평정, 그리고 특정 지원자에 대한 면접자들의 평정통합으로 구분할 수 있다. 개별 응답마다 평정을 하는 것은 평정이 구체적 응답에 직접 연계되어 있기 때문에 구조적이다. 면접에 있어서 평정에 대한 분류를 다음과 같이 할 수 있다.

1. 평정방식

(1) 개별질문 별 평정: 각 질문마다 제시된 척도에 따라 면접중에 평정하는 방법으로 구조화된 면접에서 활용된다.

(2) 면접 후에 평정요소(역량) 별로 평정: 이 경우 평정요소(즉, 역량)는 2개에서 12개 사이이며 면접중에 행해진 질문들에 대한 응답에 근거해서 각 요소를 평정한다. 이 방법은 구조화된 면접과 전통적 면접 모두에 적용될 수 있다.

(3) 지원자에 대한 종합평정: 면접 후에 지원자에 대한 전반적 종합판단을 행하는 방법으로 전통적 면접의 특징이다. 그러나 구조화된 면접에서도 각 요소나 질문에 대한 평정을 한 후 마지막으로 지원자에 대해 전반적 판단 또는 서열을 매길 수 있다.

지원자를 전반적으로 볼 때

- 전반적 판단(holistic judgment)보다는 세분화된 판단(decomposed judgment)이 보다 신뢰도가 높다(Amstrong, Denniston & Gordon, 1975).
- 지원자의 특성과 직무요건은 평가요소(역량)에서 적합(match)이 일어난다. 또한 지원자에게 피드백을 주어야 할 경우 평가요소 수준에서 피드백이 이루어진다.

이상의 두 결과를 종합해서, 면접실무에서는 질문별로 평정을 하여 나중에 평정요소와 관련이 있는 질문에 대한 평가를 합산하여 평정차원별로 계산하는 방법이 바람직하다. 이러기 위해서 평정차원별로 질문을 그룹화할 수 있다. 면접 끝까지 평정을 미룰 것이 아니라, 각 차원에 대한 질문을 마칠 때마다 면접 도중에 평가할 수 있다.

2. 평정의 통합

고용면접에서 평정의 통합은 여러 단계에서 행해진다. 일반적으로 면접에서는 개별 질문에 대한 평정을 통합하여 평정요소별 점수계산, 평정요소별 점수를 통합하여 지원자별 종합점수의 계산, 면접자별 지원자 점수를 통합하여 지원자별 종합점수를 계산하는 단계로 이루어진다.

평정을 통합하는 방법으로는 크게 (1) 주관적 통합(clinical integration)과 (2) 통계적 통합(statistical integration)이 있다

1) 평정요소 또는 지원자 점수계산

주관적 통합은 말 그대로 평정(rating)을 주관적으로 결합하는 것이다. 그러나 이 접근법을 사용하는 기업은 거의 없다. 통계적 통합은 공식을 기초로 평정을 통합하는 방법이다. 통계적 통합 방식으로는, (1) 판단에 근거하여 각 평정에 차별적 비중을 적용하여 통합하는 방법, (2) 준거와의 연관에 근거하여 비중을 설정하는 방법, (3) 모든 질문 또는 평정요소에 대해 단순평균 또는 단순합계를 계산하는 동일 비중(unit weighting) 방법 등 세 가지 방식이 있다. 이 중 평정요소별 점수나 지원자별 점수를 계산하는 방법으로는 동일 비중 방식이 가장 널리 사용된다.

2) 면접자간 통합

면접자간 평정결과를 종합하는 방법으로는 다음 세 가지를 생각할 수 있다.

(1) 단순평균이나 합계를 낸다. 가장 널리 사용된다.

(2) 면접자간 차이점을 논의한 후 의견일치로 지원자들을 평가한다.

(3) 한 사람이 각 면접자의 점수를 토대로 지원자별로 종합평가한다.

3. 채용의사결정: 지원자간 비교

채용의사결정은 각 지원자별 평가요소점수를 어떻게 결합하여 최종합격자를 결정하는 과정을 의미한다. 3명의 지원자 중 1명을 선발하는 상황이라고 가정해 보자.

	사회적 역량	직무 역량	근무의사
지원자 A	6	30	15
지원자 B	14	21	8
지원자 C	10	29	12

1) 다중회귀모형

다중회귀모형은 예측치와 준거 사이의 회귀계수를 비중(weighting)으로 사용한다. 회귀분석에 의해 비중이 결정되면 각 지원자의 점수를 대입하여 총점을 계산하고 그 중 최대값을 가진 지원자를 선발한다. 예를 들어, 직무성과와 각 예측치(즉, 사회적 역량, 지식역량과 근무의사)의 회귀분석 결과가 다음과 같다고 하자.

$$\hat{Y}=5+1.5X_1+2X_2+0.5X_3$$

$\hat{Y}$ =예측된 직무성과
X_1 =사회적 역량
X_2 =직무역량
X_3 =작업의사

그러면 각각 지원자의 점수는, 다음과 같다.

지원자 A: 5 + 1.5(6) + 2(30) + 0.5(15) = 81.5
지원자 B: 5 + 1.5(14) + 2(21) + 0.5(8) = 72
지원자 C: 5 + 1.5(10) + 2(29) + 0.5(12) = 84

따라서, 지원자 C가 최종 합격자가 된다.

다중회귀분석은 두 가지 가정을 행하고 있다. 첫째는, 예측치(즉, 평가요소들)와 준거(예, 직무성과) 사이의 선형적 관계가 있다고 가정한다. 이것은 회귀분석식이 단순합산인 것에서 쉽게 알 수 있다. 둘째는 예측된 점수는 단순히 각 평가요소들에 대한 가중합(weighted sum)이므로, 평가요소들은 서로 보완적이라고 가정한다(즉, 한 평가점수에서 낮은 점수는 다른 평가요소에서의 높은 점수에 의해 보완된다. 물론 보완되는 정도는 비중에 달려 있다).

다중회귀방식은 준거를 예측하는 데 있어서 오류가 최소화되도록 평가요소를 결합한다는 장점이 있다. 그러나 회귀계수가 안정적이기 위해서는 비교적 큰 표본이 있어야 하므로 한두 명 뽑는 직무에 있어서는 적용하기가 어렵다.

2) 주관적 비중

주관적 요소는 말 그대로 인간의 판단에 의해 비중을 결정하는 방법이다. 5~6명으로 구성된 SME들로 하여금 각 평정차원에 대한 수행 연도, 오류시 영향 그리고 조직에의 중요성을 고려하여 1에서부터 5까지 척도를 이용하여 평정한다.

3) 컷오프(cutoff) 방식

어떤 예측치에 대해서 '최저점수'에 미달하는 지원자를 기각한다. 이 방법은 (1) 성공적 직무수행을 위해서 특정 예측치(predictor)에 대해서 최소한의 수준을 넘어야 하고, (2) 예측치들이 서로 보완적이지 않다는 가정을 하고 있다. 위의 예에서 '작업의사'가 적어도 10 이상이 되어야 한다면(즉, cutoff가 10임) 지원자 B는 다른 예측치의 점수와 관계없이 탈락될 것이다.

4) 동일비중모형

이 경우는 각 평가요소가 동일한 중요성을 가진다고 가정하고 단순합계 또는 평균을 구한다.

5) 결합방식

이 방식은 위의 열거한 방식을 결합하여 사용하는 것이다. 예를 들어 작업의사에 대해서는 cutoff방식(즉, cutoff 점수 10)을, 그리고 나머지 사회적 역량과 직무역량에 대해서는 동일비중을 적용한다면 이미 언급한 바와 같이 지원자 B는 먼저 기각될 것이다. 그러면 지원자 A와 지원자 C는 각각 36점(=6+30)과 38점(=9+29)이 되어 최종적으로 지원자 C가 선발될 것이다.

참고문헌

Belec, B. E., & Rowe, D. M. (1983). Temporal placement of information, expectancy, causal attributions, and overall final judgment in employment decision making. *Canadian Journal of Behavioral Science*, 15, pp. 106–120.

Binning, J. F., Goldstein, M. A., Garcia, M. F., Harding, J. L., & Scattaregia, J. H. (1988). Effect of preinterview impressions on questioning strategies in same- and opposite-sex employment Interviews. *Journal of Applied Psychology*, 71, pp. 30–37.

Blankeney, R. N., & MacNaughton, J. F. (1971). Effects of temporal placement of unfavorable information on decision making during the selection interview. *Journal of Applied Psychology*, 55, pp. 138–142.

Bolster, B. I., & Springbett, B. M. (1961). The reaction of interviewers to favorable and unfavorable information. *Journal of Applied Psychology*, 45, pp. 97–103.

Buckley, M. R., & Eder, R. W. (1988). B. M. Springbett and the notion of the "snap decision" in the interview. *Journal of Management*, 14, pp. 59–67.

Cacioppo, J. T., Petty, R. E., Feinstein, J. A., & Jarvis, W. B. G. (1996). Dispositional differences in cognitive motivation: The life and times of individuals varying in need for cognition. *Psychological Bulletin*, 119, pp. 197–253.

Carlson, R. E. (1971). Effects of interview information in altering valid impressions. *Journal of Applied Psychology*, 55, pp. 66–72.

Dipboye, R. L. (1982). Self-fulfilling prophecies in the selection interview. *Academy of Management Review*, 7, pp. 579–586.

Dipboye, R. L., Stamler, C., & Fontenelle, G. A. (1984). The effects of the application on recall of information from interview. *Academy of Management Journal*, 27, pp. 561–575.

Dougherty, T. W., Turban, D. B., & Callender, J. C. (1994). Confirming first impressions in the employment interview: A field study of interview behavior. *Journal of Applied Psychology*, 79, pp. 659–665.

Eder, D. (1990). *Pygmalion in Management*. Lexington, MA: Lexington.

Hollman, T. D. (1972). Employment interviewers' errors in processing positive and negative information. *Journal of Applied Psychology*, 56, pp. 130–134.

Kleinke, C. L. (1986). Gaze and eye contact: A research review. *Psychological Bulletin*, 100, pp. 76–100.

Merton, R. K. (1948). The self-fulfilling prophecy. *Antiah Review*, 8, pp. 193–201

Patrerson, M. L. (1982). A sequential functional model of nonverbal exchange. *Psychological Review*, 89, pp. 231–249.

Peters, L. H., & Terborg, J. R. (1975). The effects of temporal placement of unfavorable information and of attitude similarity on personnel selection decisions. *Organizational Behavior and Human Performance*, 13, pp. 279–293.

Rowe, P. M. (1989). Unfavorable information and interview decisions. In R. W. Eder & G. R. Ferris (Eds.). The employment interview: Theory, research, and practice. *Newbury Park*, CA: Sage, pp. 77–89.

Snyder, M. (1984). When belief creates reality. In L. Botkowitz (Eds.). *Advances in Experimental Social Psychology,* 18, New York: Academic Press, pp. 247–305.

Snyder, M., Campbell, B., & Peterson, E. (1982). Testing hypothesis about human nature: Assessing the accuracy of social stereotypes. *Social Cognition*, 1, pp. 256–272.

Snyder, M., & Swann, W. B. (1978). Hypothesis testing processes in social interaction. *Journal of Personality and Social Psychology*, 56, pp. 1202–1212.

Shaw, M. R. (1983). Take for granted assumptions of applicant in simulated selection interview. *Western Journal of Speech Communication*, 47, pp. 138–156.

Skrowronski, J. J., & Carlston, D. E. (1989). Negativity and extremity biases in impression formation: A review and explanation. *Psychological Bulletin*, 105, pp. 131–142.

Springbett, B. M. (1958). Factor affecting the final decision in the employment interview. *Canadian Journal of Psychology*, 12, pp. 13–22.

Tucker, D. H., & Rowe, P. M. (1979). Relationship between expectancy, causal attribution and final hiring decisions in the employment interview. *Journal of Applied Psychology*, 64, pp. 27–34.

Tullar, W. L., Mullins, T. W., & Caldwell, S. A. (1979). Effect of interview length and applicant quality on interview decision time. *Journal of Applied Psychology*, 64, pp. 669–674.

Webster, E. C. (1964). *Decision Making in the Employment Interview*. Montreal: Industrial Relations Center, McGill University.

Webster, E. C. (1982). *The Employment Interview: A Social Judgment Process.* Schomberg, Ontario, Canada: S.I.P.

제 9 장

통 합

-이론에서 실무로

제9장 통 합: 이론에서 실무로

제 1절 배경 및 의의

본 장에서는 면접에 관한 여러 이론적 논의와 실증연구 그리고 면접자로서의 경험에 기초하여 면접실무에 대한 제안을 하고자 한다. 그 동안 고용면접에 대해서 실무적으로나 이론적으로나 여러 각도에서 개선하고자 하는 노력이 있어 왔다. 그 중 중요한 추세를 요약하면 다음과 같다.

첫째, 선발도구의 하나로서 면접의 신뢰도와 타당도를 증진시키기 위한 '구조화' 노력이다. 구조적 면접은 전통적 면접(즉, 비구조적 면접)에 비해 설계와 실시가 복잡하지만 신뢰도와 타당도가 높아 실무적 활용도가 증가하는 추세다. 1999년 설문자료에 의하면 미국 고용면접의 약 35% 정도가 정도의 차이는 있지만 구조적 면접으로 실시되고 있다(Ryan, McFarland, Baron, & Page, 1999). 10년이 지난 현재에는 구조적 면접이 더 폭넓게 활용되고 있으리라고 추측된다. 다만 우리나라의 경우 실무차원에서는 아직 구조적 면접에 대한 인식과 활용이 저조할 것으로 판단된다.

둘째, 내재적인 성격특질(personality traits)에 대한 질문보다는 행위지향적 질문(behavior-oriented interview)이 면접에서 강조되는 추세다. 행위지향적 면접은 일반적으로 면접이 구조화되는 과정에서 도입된다.

셋째, 고용면접이 선발도구로서 중요한 비중을 차지하게 되면서 고용면접에서의 부당한 차별에 대한 관심이 증가하고 있다. 면접자는 의식적으로든 무의식적으로든 지원자를 주관적으로 판단하게 되고 따라서 부당하게 차별할 가능성이 있다. 면접에서의 부당한 차별에 대해서 우리나라에서는 아직 구체적 지침이 제시되지 못하고 있으나 부당한 차별이 발생하는 경우 회사는 불필요한 법적 소송에 휘말릴 수 있으며 회사의 명성 또한 훼손될 수 있다. 따라서 부당한 차별을 회피하면서 면접의 신뢰도와 타당도를 높일 수 있는 면접구조화 과정이 절실히 필요하다.

지금부터 이런 추세를 반영하여 효율적이고 타당한 면접설계와 실시를 위한 통합적 과정을 제시하고자 한다. 전체적인 과정은 고용면접 준비단계, 면접 실시단계, 그리고 면접 시스템에 대한 평가단계로 나눌 수 있다. 준비단계에 있어서 선발 담당자는 먼저 전반적인 선발 시스템을 계획하여야 한다. 면접도 다양한 선발도구 중 하나이므로 선발 시스템의 전체적 관점에서 면접의 목적을 명확히한 후 면접계획을 수립하여야 한다. 면접에서 무엇을 측정할 것인가를 명확히함으로써 면접에서 어떠한 질문을 행할 것인가(질문내용)와 지원자의 응답을 어떻게 평가할 것인가(평가기준)를 명확히할 수 있다.

면접실시 단계에 있어서는 먼저 면접자들을 어떻게 구성하고

무슨 내용을 훈련시킬 것인가를 먼저 설정하여야 한다. 그 다음 실제로 면접을 어떻게 진행할 것인가에 대한 계획을 수립할 수 있다. 면접진행계획은 지원자와의 관계 형성, 면접 질문방식과 순서, 면접 마무리 절차, 그리고 지원자에 대한 평가 등으로 구성할 수 있다. 마지막으로 면접 시스템에 대한 평가는 면접이 과연 의도한 대로 소기의 성과를 달성했는지를 평가하는 것으로 지원자의 반응, 비용, 그리고 인적 자원 결과(즉 신규 채용자의 성과, 근속, 직무만족 등) 등의 기준을 활용할 수 있다. 이 외에 아직 우리나라에서는 크게 주목받고 있지 못하지만 평등고용의 기준을 추가할 수 있다. 기존 면접 시스템에 대한 결과들은 추후 면접 시스템을 계획할 때에나 법적 갈등이 있을 경우 훌륭한 참고지료가 될 수 있다.

이상의 과정은 다음과 같이 그림으로 요약될 수 있을 것이다.

〈그림 9-1〉 고용면접의 설계 과정

고용면접의 준비

- 전반적 선발 시스템의 계획
- 면접의 역할과 목적 설정
- 면접계획, 면접의 구조화

면접 실시

- 면접자의 구성과 훈련
- 면접과정의 계획
- 지원과 평가

면접 시스템에 대한 평가

- 지원자 반응
- 비용
- 인적자원 결과에 대한 영향
- 평등고용

제 2 절 고용면접의 준비

고용면접을 준비하는 채용 담당자는 다음의 이슈들을 고려하여야 한다.

첫째 전반적 선발 시스템을 설계하여야 한다. 조직의 사명과 목적에 부합하는 인재를 선발하기 위해서는 먼저 조직이 필요로 하는 인재상을 명확히하여야 한다. 조직이 필요로 하는 인재상은 조직의 사명과 직무에 대한 분석을 통하여 KSAOs(지식, 스킬, 능력 및 기타 특성)으로 구체화되어야 한다. 이런 KSAOs가 선발의 준거가 되며 선발을 통하여 조직은 이런 준거에 맞는 지원자를 충원하고자 한다.

둘째, 전반적인 선발 시스템하에서 면접의 역할을 명확히하여야 한다. 여기에는 면접에서는 어떤 요소를 측정할 것인가 그리고 다른 선발도구와 면접 사이의 점수 비중을 어떻게 할 것인가를 결정하여야 한다.

셋째는, 면접에 대한 구체적인 계획을 수립하여야 한다. 면접을 설계할 때에는 면접의 구조화 정도, 면접 질문 내용의 개발, 지원자 응답에 대한 평가 절차, 그리고 면접자 구성 등을 고려하여야 한다, 마지막으로 면접자에 대한 훈련을 실시하여야 한다. 이상의 과정을 요약하면 <그림 9-2>와 같다.

〈그림 9-2〉 선발 도구로서의 면접

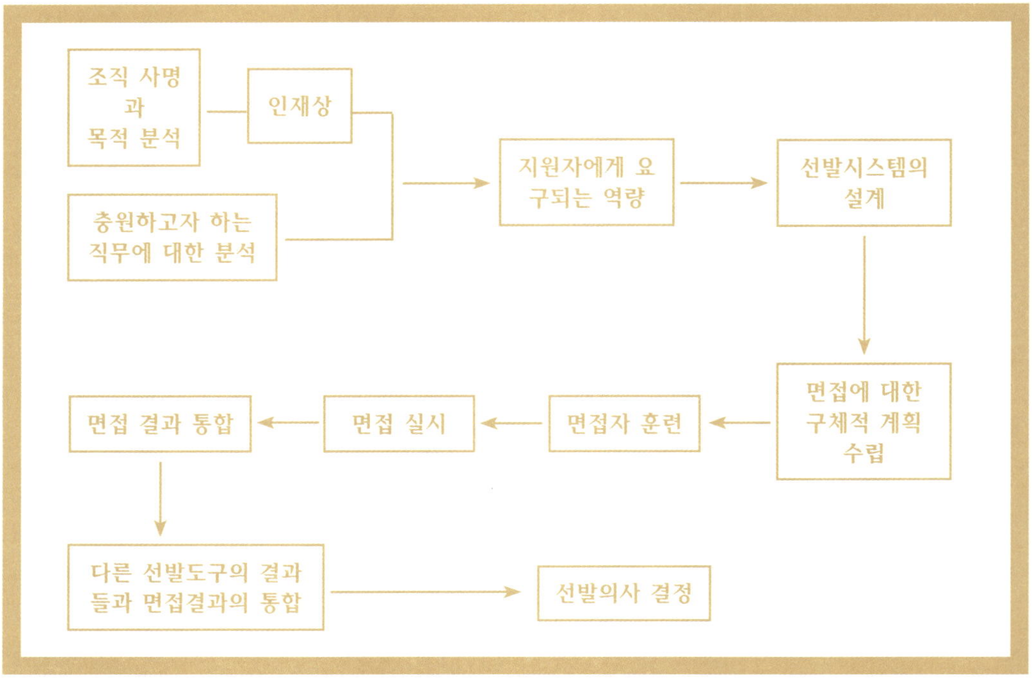

1. 전반적 선발시스템의 계획

1) 모집계획

외부충원은 크게 모집과 선발로 구성된다. 모집은 조직의 인력 소요를 충당하기 위해 조직 외부로부터 유능한 잠재적 지원자를 식별하고 유인하는 과정이다. 효과적인 모집을 위해서 조직은 먼저 어떤 자격을 지닌 인원이 몇 명 필요한지를 알아야 한다. 모집과정 결과 실제로 조직에 지원한 사람들은 지원자 풀(applicant pool)을 구성한다. 지원자 풀의 모든 사람을 대상으로 선발과정에 들어가는 것은 비용과 시간이 많이 들기 때문에 현저하게 부적절한 지원자는 걸러내고 유능한 잠재적 지원자만을 선발과정에 포함시키는 것이 바람직하다.

모집과정에서 면접은 다양한 형태로 활용될 수 있다.

첫째 모집과정에서 모집인(recruiter)이 잠재적 지원자를 유인하기 위해 면접을 활용할 수 있는데 이를 '모집면접'(recruitment interview)이라고 한다. 모집면접은 모집인에 의해 5분이나 15분 이내로 간단히 실시되는 것이 일반적이다.

둘째, 외부충원과 관련된 비용과 시간을 줄이기 위해 선발과정 전에 활용되는 면접으로 '선별면접'(screening interview)이 있다. 조직에 따라서는 모집면접과 선별면접을 동시에 실시할 수 있다. 예를 들어 캠퍼스 모집의 경우 회사의 모집인은 많은 학생들이 회사에 지원하도록 유인함과 동시에 눈에 띄는 부적격자를 걸러내는 선별의 역할을 동시에 수행한다.

〈그림 9-3〉 모집 과정에 있어서 면접의 역할

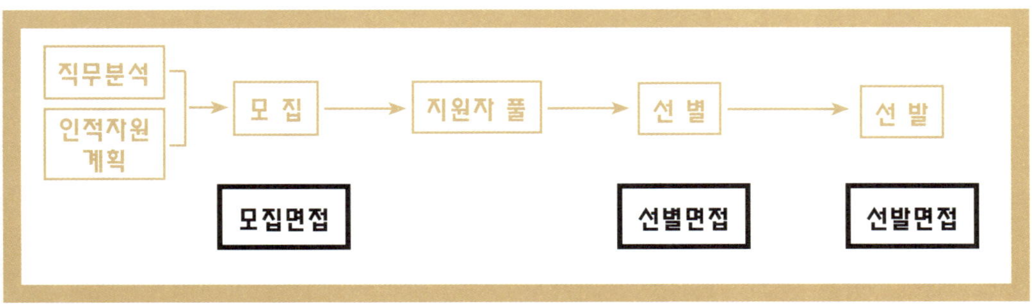

2) 선발계획

선발은 지원자 풀에서 조직에 가장 적합한 사람을 고르는 과정이다. 통상 선발에는 면접 이외에 다른 선발도구(예를 들면, 지원서, 적성검사 등)도 함께 사용된다. 따라서 채용담당자는 다른 선발도구와 선발면접과의 관계를 명확히 할 필요가 있다. 실무적으로는 '선발계획'(selection plan)을 수립함으로써 각 선발도구들이 무엇을 측정하고 각 선발도구들의 상대적 비중이 어떻게 다른지 결정할 수 있다. 일반적으로 선발계획표는 수직적 차원은 조직이 측정하고자 하는 지원자 특성을, 수평적 차원은 조직이 지원자의 특성을 측정하는 수단으로 구성된다. 그리고 두 번째 열은 조직이 고려하는 지원자 특성들간 상대적 비중을 결정하여 기재한다. 선발 계획표의 예는 <표 9-1>에 제시되어 있다.

〈표 9-1〉 선발 계획의 예

	중요도	지원서	적성검사	수행시험	면접
훈련 및 경험	10%	5%			5%
직무역량	50%	5%	20%	20%	5%
사회적 역량	20%	5%		5%	10%
근무 동기	10%				10%
조직과의 적합	10%		5%		5%
합계	100 %	15%	25%	25%	35%

2. 면접계획

1) 평가되어야 할 요소: 필요 역량의 식별

면접에서는 '성격 특질', '훈련 및 경험', '직무역량', '사회적 역량', '근무동기', 전반적 '조직 적합도' 등 다양한 요소가 평가될 수 있다. '성격 특질'은 주도성, 신뢰성, 성숙도 등과 같은 성격 특성을 의미하며 '직무역량'은 직무수행에 필요한 지식(예를 들면, 세법), 스킬(예를 들면, 팀미팅 운영) 그리고 능력(예를 들면, 언어 추리력) 등을 의미한다. '사회적 역량'은 인간 관계에 기여하는 요소로 의사소통, 설득력, 타인 감정의 이해 등의 요소로 구성되어 있다. '근무 동기'는 지원자가 출근, 근무시간, 출장 등 직무나 조직의 기본적인 규칙과 정책을 준수할 가능성을 의미한다. '조직 적합도'는 직무환경(예를 들면, 감독스타일)과 조직문화(예를 들면, 팀워크)나 지원자의 태도(예를 들면, 고객서비스지향), 지원자가 바라는 보상(예를 들면, 승진 새로운 스킬 획득기회, 성과보너스 등)에 있어서 조직과 지원자의 적합도를 의미한다.

이런 요소를 평가하기 위해서 체계적이고 계량적인 접근법(예를 들어 직무분석)을 활용하는 것이 바람직하지만 만약 시간이나 경제적 제약이 있다면 주요 경영자와 임원들이 필요 역량을 식별하도록 하는 간단한 방법을 활용할 수도 있다. 면접시 평가요소를 식별하는 과정은 <표 9-2>에 제시되어 있다. <그림 9-4>에는 면접질문 내용의 개발 절차, 그리고 <표 9-3>에는 직무기술서의 예가 제시되어 있다.

〈표 9-2〉 평가요소를 식별하는 과정

(1) 직무에서 수행하는 과업을 목록화한 후 폭넓은 기능(또는 차원)으로 범주화한다.
(2) 5점 척도를 이용하여 각 기능(차원)의 중요성을 평가한다. 평가시 수행의 빈도, 오류시 영향 그리고 조직에의 중요성을 고려한다. 중요하고 핵심적인 기능에만 초점을 두어야 한다.
(3) 각 기능에 대해 성공적인 수행에 필요한 역량과 다른 요건(예를 들어 면허) 등을 목록화한다.
(4) 조직구성원으로 준수해야 할 중요한 규칙, 초과근무, 교대근무. 여행 등 직무수행을 위해 필요한 작업요건을 목록화한다. 이런 정책과 규칙을 식별하기 위해서 종업원 핸드북이나 다른 자료를 검토하여야 한다.
(5) 종업원 보상으로 가능한 주요 요소를 목록화한다. 지원자에게 동기를 부여하는 데 영향을 미치거나 조직에 독특한 내재적 요소(예를 들면, 직무특성 및 보상정책)를 모두 망라한다.
(6) 조직성공에 핵심적인 조직문화나 작업요건에 내재된 4 또는 5개의 주요 가치를 목록화한다.
(7) 이러한 역량들을 면접에서 평가할지 다른 평가 방법(예를 들면, 지원서, 능력시험, 작업표본 등)에서 평가할지를 결정한다.

〈그림 9-4〉 질문 내용의 개발 절차

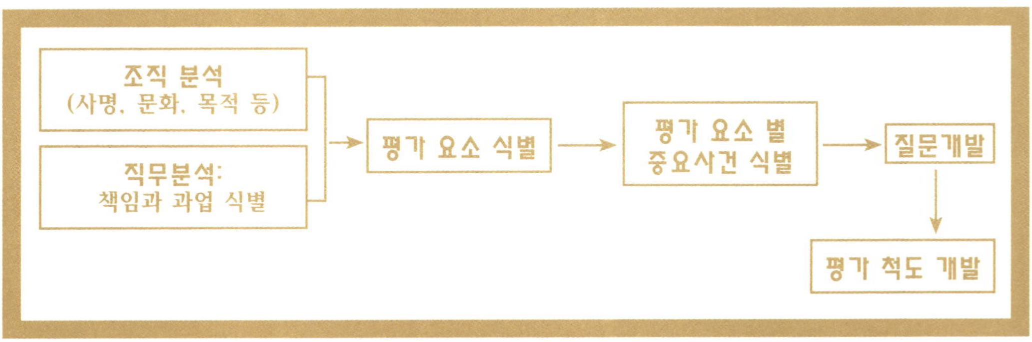

〈표 9-3〉 직무기술서의 예

직무명: 점포관리자

직급 : 3급	상급자: 지역매니저
관리단위: 점포	직무번호: 262-11

직 무 개 요	직 무 계 층
· 고객서비스 · 판매촉진 · 운영비관리 · 영업사원 감독 · 지역사회 PR · 지역매니저 보좌	영업본부장 ↓ 지역매니저 ↓ 점포매니저

직 무 내 용	
<책임1: 차별화된 서비스>	
과 업 들	기 대 되 는 결 과 들
(1) 고객의 요구를 경청한 뒤 영업사원이 적절하게 반응하도록 한다 (2) 전시, 청결 그리고 고객서비스에 대한 회사기준을 준수한다 (3) 고객이 원하는 제품을 준비한다 (4) 시장추세, 판매기업 그리고 회사의 판촉 캠페인의 최신동향을 파악한다	· 연간 고객만족도 조사에서 90% 이상 만족도 달성 · 자체 평가에서 '정상' 또는 '우수' 평가 달성

<책임2: 지휘 및 통제>	
과 업 들	기 대 되 는 결 과 들
(1) 성과를 촉진하는 분위기를 형성한다 (2) 개인 및 집단목표를 설정하고 평가한다 (3) 종업원 참여를 통해 헌신과 책임감을 고취한다 (4) 판매량 변동에 따른 적절한 인력을 유지한다 (5) 종업원 개발을 촉진하고 적절한 스킬을 유지하도록 한다 (6) 안전한 작업환경을 유지한다	· 연간 종업원 조사에서 80% 이상의 만족도 달성 · 연 이직률 20% 이하 유지 · 종업원당 연간 3일 이내의 무단결근 유지

<책임3: 수익>	
과 업 들	기 대 되 는 결 과 들
(1) 시장개척, 판촉캠페인 그리고 판매 관리를 통한 매출을 증대시킨다 (2) 최적의 수익성을 달성하기 위해 지역 매니저와 협력한다 (3) 점포의 자금과 시설을 관리한다 (4) 적정 재고를 유지한다.	· 세전영업이익 10%이상 달성 · 연 이직률 20% 이하 유지

<책임4: 지역사회>	
과 업 들	기 대 되 는 결 과 들
(1) 지역 사업연합회에 참가한다 (2) 영업에 맞는 사업파트너를 구축한다 (3) 점포의 원활한 운영에 기여하는 지역행사에 참가한다 (4) 광고비용 내에서 지역사회 활동을 촉진한다	· 3개 지역 연합회에 적극적 참가 · 매년 3개의 지역활동에 참가

<table>
<tr><th colspan="2">직무환경</th></tr>
<tr><td colspan="2">〈물리적환경〉</td></tr>
<tr><td colspan="2">(1) 상품전시를 극대화하기 위해 공간 및 시설의 제한
(2) 관리업무에 사무실은 칸막이 형태로 되어 있음
(3) 네온등 인공조명이 있으며 영업사원은 계산업무를 공유하여야 한다
(4) 인기 있는 제품을 놓을 수 있는 작은 창고가 있음
(5) 상품의 양호한 보존 상태를 유지하기 위해 쾌적한 온도 유지
(6) 청결한 빌딩
(7) 개점시간 동안 조용한 배경음악</td></tr>
<tr><td colspan="2">〈작업환경〉</td></tr>
<tr><td>근무스케줄</td><td>월 오전 8:30 ~ 오후 5:30
화 오전 8:30 ~ 오후 5:30
수 오전 8:30 ~ 오후 5:30
목 오전 8:30 ~ 오후 9:00
금 오전 8:30 ~ 오후 9:00
토 오전 8:30 ~ 오후 5:00</td></tr>
<tr><td>휴 가</td><td>· 일주일에 1일 (월요일, 화요일 또는 수요일)
· 연간 2주 유급휴가
· 법정 공휴일</td></tr>
<tr><td>보 상</td><td>· 연공에 따라 시급 \8,000~10,000 (매년 2%씩 증가)
· 성과에 근거한 연간보너스 (0원부터 500만원 사이)</td></tr>
<tr><td>작업계약</td><td>· 무기
· 6개월간 수습기간</td></tr>
</table>

관리업무	(1) 많은 관리서식(판매 및 구매, 보고서, 재고통제, 출근기록 등)을 작성하여야 한다 (2) 급여와 현금흐름을 위해서 매주 관리서식들을 보고하여야 한다 (3) 주별 지역관리자회의에 참석하여야 한다. 캠페인 기간 동안에는 보다 빈번할 수 있다 (4) 다른 점포의 동료들과 접촉은 제한되어 있다(반기 미팅) (5) 관리직 지원은 없으며 회계나 어떤 소프트웨어는 어떤 요청에 의해 지원될 수 있다 (6) 점원 대 고객의 비율은 기간에 따라 변동적이다 · 정상기간에는 영업사원/고객의 비율은 1:1 · 성수기에는 영업사원/고객의 비율은 1:3 · 비수기에는 영업사원/고객의 비율은 2:1 · 겨울이 가장 바쁘며 가을, 봄, 여름순이다.
〈심리환경〉	
스트레스 수준	(1) 점포관리자는 본사, 고객, 종업원의 요구에 항상 대응하여야 한다 (2) 점포관리자는 점포의 운영과 수익에 전적인 책임을 진다 (3) 스트레스 수준은 점포 개장 시간대별로 다르다
문화와 분위기	(1) 기업가적 문화이며 점포관리자는 점포의 재무적 성과를 증진시키도록 해야 한다 (2) 종업원은 회사의 일원으로 느끼도록 가족적 분위기를 촉진한다 (3) 작업스케줄, 업무분담, 빌딩 청결 상태 그리고 지위(정규직 대 비정규직) 등으로 인한 종업원 갈등이 빈번하다
의사소통	(1) 점포관리자는 매일 고객 및 종업원과 의사 소통을 한다 (2) 점포관리자는 지역매니저 및 납품업자와 정규적으로 접촉하며 지역사회 지도자와는 간헐적으로 만난다 (3) 점포관리자는 회사의 연간프로그램에 참가한다
시설 및 기술	· PC(회계소프트웨어, word, 엑셀, 인터넷 및 인트라넷) · 금고

자료: Normand Petterson & Andre Durivage. The Structured Interview: Enhancing Staff Selection. Presses De l'University du Quebec. 2008. pp.162 - 164

2) 면접질문 방식 개발

면접은 지원자에 대해 정보를 수집하고 평가하는 과정이므로, 면접시 다양한 질문을 통하여 지원자의 다양한 측면을 측정하고자 하는 것은 당연하다. 질문 방식은 이미 언급한 바와 같이(제5장 참조) 직접질문, 상황질문, 과거행위 질문, 그리고 실제상황 질문으로 구분할 수 있다. 직접질문 방식은 면접자가 지원자에게 과거의 훈련, 업적, 성격, 태도, 의견 등을 마주보고 직접 질문하여 지원자로부터 정보를 획득하는 방법이다. 반면에, 상황질문, 과거행위질문 그리고 실제 상황질문은 비교적 최근에 개발된 질문 유형으로 지원자의 행위에 초점을 맞추고 있다. 이러한 질문들은 지원자의 성취도(예를 들면, 훈련 및 경험), 직무역량, 사회적 역량 및 근무동기 등을 측정하는 데 다양하게 쓰일 수 있다.

〈표 9-4〉 면접에서 측정하고자 하는 영역과 질문유형의 관계

측정 내용 / 질문방식	성격 특질	훈련 및 경험	직무 역량	사회적 역량	근무 동기	조직과의 적합
직접질문	◎				○	○
과거행위 질문		◎	◎	◎		◎
상황적 질문		◎	◎	○	○	○
실제 상황 질문		◎	◎	○		○

◎: 측정하고자 하는 내용에 적합한 질문방식.
○: 추론하여 알 수 있음.

제3절 면접실시

1. 면접자의 구성과 훈련

면접 패널의 구성은 면접의 목적과 과정에 따라 달라진다. 모집면접의 경우 모집인(recruiter)이 지원자와 일대일로 면접하는 것이 일반적이다. 모집인은 회사의 채용담당자, 모집대행회사의 모집인, 캠퍼스 모집의 경우에는 해당학교 졸업자 등으로 구성할 수 있다. 선발면접의 경우 인사담당자, 채용분야 및 인접분야의 관리자, 외부전문가, 회사 고위중역 및 CEO 등으로 패널을 구성할 수 있다. 이 경우 직무와 관련된 능력과 지식에 대해서는 실무 면접자들이, 조직 적합성이나 근무 동기에 대해서는 인사담당자, 고위중역, 또는 외부 전문가가 담당하는 것이 일반적이다.

조직은 면접자를 선발하는 데 신중해야 한다. 면접자는 우선 선발과정에 있어서 면접의 역할, 선발도구로서의 면접의 장단점, 해당 면접의 목적 등을 이해해야 한다. 고용면접의 중요성과 목적을 이해하지 못하는 면접자는 종종 개인적 목표나 자신의 취향에 따라 면접을 수행할 수 있기 때문이다. 둘째, 면접자는 채용하여야 할 직무와 조직문화가 요구하는 요건을 명확히 이해해야 한다. 셋째, 면접자는 지원자와의 의사소통을 통하여 지원자의 특성을 정확히 평가할 수 있는 능력과 동기를 가지고 있어야 한다. 즉 조직은 의사소통 능력과 인간관계 스킬, 그리고 진실성(conscientiousness)을 가진 면접자를 선발해야 한다.

면접 전문가가 아닌 일반적인 면접자가 위에서 논의한 자질을 전부 충족시키기는 힘들다. 또한 회사 관리자는 면접을 여러 중요한 과업의 하나로만 인식하는 경향이 있다. 따라서 면접자에 대한 훈련은 필수적이다. 훈련을 통하여 면접자는 기본적으로 선발과정에서 면접의 역할, 직무내용, 면접과정에서 발생할 수 있는 오류와 주의사항 등을 학습할 수 있다.

구조적 면접을 실시하는 경우에도 면접자에 대한 훈련은 중요하다. 구조적 면접은 면접자가 사전에 정해진 절차대로 일관되게 행동할 것을 요구하기 때문에 전통적 면접보다 면접자의 개인적 특성에서 발생되는 면접결과의 차이를 줄일 수 있는 것은 사실이다. 그러나 구조화의 수준이 높다고 해도 면접자에 따라 면접수행과정에 차이가 발생하는 것을 원천적으로 막을 수는 없다. 면접자 훈련은 면접자 개인에 따른 차이를 줄일 수 있는 또 다른 기회를 제공한다.

또한 면접자는 일반적으로 자신이 지원자를 잘 파악한다고 믿는 경향이 있으므로 면접자의 행동을 제약하는 구조적 면접에 대하여 거부감을 가질 수 있다. 따라서 구조적 면접을 실시하기 전에 구조적 면접이 왜 필요한지 그리고 구조적 면접에서 면접자의 역할은 무엇인가에 대해서 충분히 의사소통이 되어야 한다.

〈표 9-5〉 면접자의 선발기준

- 회사의 채용과정에 대해 이해하고 있는가?
- 면접의 목적을 이해하고 있는가?
- 채용되어야 할 직무에 대해서 명확히 이해하고 있는가?
- 면접과정에서 발생할 수 있는 여러가지의 편향(bias)을 이해하고 있는가?
- 질문을 이해하고 명확히 의사소통할 수 있는가?
- 지원자의 답변에서 지원자의 역량을 추론할 수 있는 능력은 충분한가?
- 부당차별에 관하여 이해하고 있는가?
- 면접자의 자세와 복장을 적절한가?

2. 면접 진행 과정

면접자는 면접 전에 충원되어야 할 직무의 직무기술서, 면접질문과 척도, 면접양식 그리고 지원자의 지원서와 이력서를 검토하여야 한다. 면접이 실시되기 전 모든 자료를 검토할 수도 있지만 면접자가 기억하는 정보의 양에는 한계가 있으므로 1차례 면접이 끝날 때마다 면접자에게 5분에서 10분간의 여유를 제공하는 것이 바람직하다. 이 시간 동안 면접자는 이전 지원자에 대한 의견을 다른 면접자와 나누거나 새로운 지원자에 대한 지원서나 이력서 등을 검토할 수 있다.

면접자는 질문→청취→집중→추가 질문의 순서로 면접을 시행할 수 있다. 예를 들어 면접자는 '이력서에 의하면 ○○회사에서 일하시는 군요. 거기서 당신의 주요책임은 무엇입니까?'라고 개방형 질문으로 면접을 시작한다. 면접자는 지원자가 충원되어야 할 업무에 필요한 책임을 수행한 경험이 있음을 확인한 후 각 책임에 초점을 맞추어 질문을 한다. 즉 '당신은 영업계획을 작성했다고 하는데 영업계획 작성시 주요 고려사항은 무엇입니까?'라고 구체적으로 질문을 할 수 있다. 마지막으로 각 질문에 대해서 어떻게, 왜, 그리고 결과에 대해 추가 질문(probe)을 행할 수 있다. 지원자는 누가 관련이 됐고 어떤 접근법을 사용했고 어떤 기술과 기법을 어떻게 사용했는지를 기술할 수 있다. 면접자는 필요한 경우 왜 특정 기법이 사용됐고 그 결과는 어떠했는지를 물어볼 수 있다.

질문순서를 정하는 데는 다양한 방법이 있지만 다음과 같은 순서를 제안한다. 첫째, 훈련 및 경험질문(예를 들어 지원자의 지난 직장에 대한 질문)으로부터 면접을 시작한다. 훈련 및 경험 질문을 먼저 하는 경우 지원자가 질문을 예상하고 있으므로 면접자는 지원자와 신뢰감(rapport)을 형성할 기회를 가질 수 있으며 지원자는 편안함을 느끼게 된다. 둘째, 면접자는 직무역량과 사회적 역량을 파악하기 위해서 직무와 인간관계에 관련된 행위지향적 질문을 한다. 행위지향적 질문은 특정직무와 독특하게 연관되어 지원자에게 응답하기가 어려울 수 있으나 지원자의 직무역량과 사회적 역량을 평가할 수 있는 효과적인 수단이다. 셋째, 이행적 질문(transitional question. 예를 들면 우리가 아직 논의하지 않은 직무관련 경험이나 능력이 있습니까?)을 한다. 이런 질문은 지원자에게 직무에 대한 자신의 자격요건과 역량을 충분히 설명할 기회를 줄 수 있다. 넷째, 근무동기에 대한 질문을 한다. 이미 언급된 바와 같이 근무동기질문은 출장여행, 야근, 작업조정, 근무시간 등 직무 및 조직의 지침을 준수할 의사가 있는지와 연관된 질문이다. 능력이 뛰어난 지원자라고 해도 조직에서 일할 의사가 없거나 해당 업무를 수행하는 데 필요한 회사지침을 준수할 의사가 없다면 조직으로서는 그 지원자를 선발할 의미가 없어진다. 한편 근무동기는 지원자의 업무능력과는 무관한 의사일 뿐이므로 업무능력을 평가하는 항목과 구별되어 평가되어야 한다. 따라서 근무동기질문은 선발의사 결정의 최소요건(hurdle)으로 활용하는 바람직하다. 마지막으로 지원자에게 질문한 기회를 제공한 후 면접을 마무리한다. <표 9-6>은 이러한 순서에 의해서 작성된 면접양식이다.

〈표 9-6〉 면접양식의 예

지원직무명: 영업직	일시: 2009. 8. 3
지원자: ____________	면접자: ____________

평가요소 및 질문	비 중	평가척도	지원자응답 및 평가요약	점 수
〈훈련 및 경험〉				
1, 귀하의 대학성적을 보면, 수리를 많이 이용하는 과목은 그렇지 않은 과목에 비해 성적이 낮은 것 같습니다. 그 이유는 무엇입니까?		미흡 1 / 평균이하 2 / 평균 3 / 평균이상 4 / 우수 5		
· **탐색적 질문**: 수리능력을 향상시키기 위해서 어떤 노력을 수행하였습니까?		미흡 1 / 평균이하 2 / 평균 3 / 평균이상 4 / 우수 5		
· **탐색적 질문**: 고학년이 되어서도 수리를 이용한 과목이 비교적 적습니다. 왜 그렇습니까?		미흡 1 / 평균이하 2 / 평균 3 / 평균이상 4 / 우수 5		
2, 귀하는 대학에서 인문학(예를 들면, 국문학)을 공부하였습니다. 인문학 공부가 우리회사 영업업무에 어떻게 도움을 줄 수 있다고 생각하십니까?		미흡 1 / 평균이하 2 / 평균 3 / 평균이상 4 / 우수 5		

비중은 면접 전 주관주제 전문가회의를 통하여 설정된다

점 수 = 척도점수×비중

	· **탐색적 질문**: 영업업무를 수행하기 위해서는 어떤 역량이 필요하다고 생각하십니까?		미흡 평균이하 평균 평균이상 우수 1 2 3 4 5		
	· **탐색적 질문**: 영업에 대한 직무지식은 어떻게 향상시키고자 합니까?		미흡 평균이하 평균 평균이상 우수 1 2 3 4 5		

직무역량>	비 중	평가척도 및 배점	지원자응답 및 평가요약	점 수
1, 고객이 당신에게 와서 일주일 전에 한 주문에 대해서 아직 제품을 받지 못했다고 주장합니다. 고객은 해당제품이 중요한 부품이기 때문에 없으면 추후 과정을 진행할 수 없으며 지금 재고도 거의 없다고 합니다. 귀하의 회사도 그 제품에 대한 재고가 거의 없는 것으로 판단됩니다. 귀하는 이런 상황을 어떻게 처리할 수 있습니까? (상황적 질문)		1. 고객을 진정시킨다. (+1) 2. 주문서류를 확인한다. (+1) 3. 담당자가 누구인지 확인한다. (+1) 4. 재고 여부를 확인한다. (+1) 5. 재고가 없다면 조정하는 조치를 취한다. (+2) 6. 연관부서의 협조를 요청한다. (+2)		
2, 중요한 고객사와의 관계는 무난한 편이나 제품 담당자가 자주 교체되어 본사와의 신뢰가 쌓이지 못한 편입니다. 고객사의 규모가 커서 다른 경쟁사들도 이 거래처를 뚫기 위해 노력을 행하고 있습니다. 회사는 이 고객과 매출의 유지는 물론 규모를 확장시키고자 합니다. 귀하는 어떻게 이 난관을 뚫을 것입니까? (실제상황 질문)		1. 담당자의 상급자 파악 및 정기적으로 접촉. (+1) 2. 경쟁사의 영업전략 파악. (+1) 3. 회사제품 중 거래처에 납품되지 않는 항목 파악. (+2)		
3, 중요한 고객이 경쟁사의 집중적인 영업공략으로 거래선을 바꾸었는데 이를 다시 찾아온 경험이 있습니까? 상황, 과정 그리고 결과로 나누어 구체적으로 설명해 주십시오. (과거행위 질문)		1. 경쟁사의 판촉활동에 대한 정보수집. (+1) 2. 정기적 방문/ 불만해소. (+1) 3. 제품의 다른 사용용도 개발. (+2) 4. 핵심인사 파악. (+1)		
4, 때때로 고객이 무리한 요구를 할 때가 있습니다. 그는 우리회사 제품의 가격이 경쟁사보다 높다고 하면서 원가 이하의 가격을 제시합니다. 이런 상황을 귀하는 어떻게 처리하겠습니까? (상황적 질문)		1. 경쟁사 가격에 대한 정보를 확인한다. (+1) 2. 가격 이외에 품질, 납기준수, A/S 등에 대한 차별성을 설명한다. (+2) 3. 고객의 요구에 단순히 순응한다. (-1)		

5, 과거에 어려운 처지에 있는 고객을 믿고 거래를 하여 지금은 중요한 고객이 된 경험이 있습니까? 구체적인 상황, 귀하가 취한 행동, 그리고 결과를 구체적으로 설명해주시오. (과거행위 질문)		1. 사례의 적절성. (+1) 2. 해결방안의 적절성. (+1) 3. 결과에 대한 분석. (+1)		
6, 현재 우리회사는 새로운 세탁기용 세제를 시장에 내놓으려고 합니다. 새로운 제품은 기존 제품을 약간 개선한 것입니다. 회사는 새로운 제품이 새로운 시장개척보다는 기존 제품의 매출을 대체할 것이라고 우려하고 있습니다. 이런 상황을 귀하는 어떻게 처리할 것입니까? (실제상황 질문)		1. 신제품과 기존제품의 대체성 파악. (+1) 2. 신제품만의 독특한 시장식별. (+2) 3. 기존제품만의 독특한 시장식별. (+2) 4. 공통시장에서 신제품과 기존제품과의 관계설명. (+1)		

<사회적 역량>	비 중	평가척도 및 배점		
1, 친한 동료 둘이 서로 갈등관계에 있는 것을 귀하가 조정해서 사이를 원만하게 만든 경험이 있습니까? 상황, 과정 그리고 결과를 설명하여 주십시오. (과거행위 질문)		1. 갈등의 원인을 개별적으로 파악한다. (+2). 2. 상대방의 의도나 행동에 대한 오해를 불식시키려 노력한다. (+1) 3. 화합할 수 있는 대안을 마련한다. (+2) 4. 양 당사자가 서로 win-win 할 수 있는 미팅을 주선한다. (+1)		
2, 오늘 저녁에 팀에서 단체 회식이 있습니다. 그러나 공교롭게도 오늘이 부인의 생일입니다. 귀하는 어떻게 하겠습니까? (상황적 질문)		- 무조건 한쪽만 참가한다. (-1) - 아내에게 연락하고 귀가시간과 선물을 정한다. (+1) - 회식에서 특별한 역할이 없을 때 나온다. (+2)		
3, 우리회사 영업은 지역으로 나누어 관리를 합니다. 그러나 인접지역을 담당하는 영업팀이 번번히 지역 경계선을 넘어 우리 지역에서 영업을 하고 있습니다. 귀하는 이런 상황을 어떻게 다룰 것입니까? (실제상황 질문)		1. 현안을 파악한다. (+1) 2. 상대방 팀에 가서 의도와 이슈를 파악한다. (+1) 3. 서로 win-win 할 수 있는 대안을 작성한다. 4. 상사에게 보고부터 한다. (-1)		

<근무동기>	비 중	평가척도 및 배점	지원자응답 및 평가요약	점 수
1, 여행을 좋아하십니까? 얼마나 자주 여행을 하셨습니까? 가장 긴 여행은 며칠간입니까? 귀하가 지원한 직무는 빈번한 출장을 요합니다. 출장에 대한 어려움은 없습니까?		미흡 평균이하 평균 평균이상 우수 1 2 3 4 5		
2, 일요일에도 근무를 할 때가 많습니다. 휴일근무에 대해서 어떻게 생각하십니까? 일요일에 근무하는 데 어려움은 없습니까?		미흡 평균이하 평균 평균이상 우수 1 2 3 4 5		

<조직과의 적합성>	비 중	평가척도 및 배점	지원자응답 및 평가요약	점 수
1, 영업사원들은 매출목표에 대하여 항상 스트레스를 받고 있습니다. 귀하는 평소 어떤 방식으로 스트레스를 해소합니까?		미흡 평균이하 평균 평균이상 우수 1 2 3 4 5		
2, 영업부서는 자유분방한 것처럼 보이지만 실제로는 규칙과 규율을 강조하고 선후배 사이가 엄격합니다. 또한 개인 행동보다는 단체행동을 강조하는 분위기입니다. 귀하는 엄격한 규율과 집단행동 속에서 생활한 경험이 있습니까? 상황, 과정 그리고 결과로 나누어 구체적으로 설명하여 주십시오.		미흡 평균이하 평균 평균이상 우수 1 2 3 4 5		

합 계	100%			

패널면접의 경우 면접시간은 30분에서 60분 사이가 적절하고 질문 수는 10개에서 15개가 적절하다. 효과적인 면접을 위해 면접자는 면접수행 전에 <표 9-7>과 같은 시간사용계획을 작성해보는 것도 바람직하다.

〈표 9-7〉 면접 시간(60분) 사용계획

활 동	사용계획
1. 직무수행능력 측정 이외에 활동에 사용되는 총 시간	
(1) 면접 시작(관계(rapport) 구축 및 면접과정 소개)에 필요한 시간	
(2) 면접 마무리(면접이 끝났음을 알리고 향후 일정 소개)에 필요한 시간	
(3) 지원자에게 질문할 기회를 제공하기 위해 필요한 시간	
(4) 지원자가 적절한 의사결정을 할 수 있도록 정보를 제공하는 데 필요한 시간(회사와 직무에 대한 현실적 개요 제공)	
2 직무수행능력을 측정하는 데 사용되는 총 시간 (60분에서 1번의 총 시간을 뺀 시간)	
(1) 각 평정요소를 측정하는 데 필요한 시간(직무수행능력을 측정하는 데 사용되는 총 시간/평정요소의 수)	
(2) 질문당 필요한 평균 시간((1)항의 각 평정요소 측정시간을 평정 요소별 질문 수로 나눈 시간)	

자료: Camp, R., Vielhaber, M. E., and Simoneth, J. S. (2001), *Strategic Interview: How to Hire Good People*, University of Michigan Business School Management Series, Jossy-Bass, San Francisco.

제 4 절 면접 시스템에 대한 평가

조직은 면접에 대한 체계적 평가를 행함으로써 현재 면접과정에 대한 장단점을 파악하여 추후의 면접과정을 개선할 수 있다. 면접에 대한 평가는 면접과정에 대한 평가, 지원자 반응 평가 및 신규 인력의 질에의 영향으로 구성된다.

1. 지원자 반응

효과적인 모집시스템을 설계하고 수행하는 데 있어서 중요한 정보는 지원자로 부터 나올 수 있다. 면접에 대한 지원자의 태도는 면접시스템 개선을 위하여 중요한 정보를 제공한다. 고용면접은 조직구성원이 아닌 외부인을 대상으로 하고 있으므로 면접활동에 있어서 조직은 사회적 책임을 지고 있다(황규대, 200?). 즉, 지원자들은 면접과정에 있어서 인간적 존엄성을 가진 대상으로 대우받을 권리가 있다. 이러한 입장은 Schuler(1993)에 의해서 제시된 사회적 타당성 모형으로 나타나고 있다. Schuler는 조직의 채용과정이 사회적으로 볼 때 관련 당사자들(예를 들면, 지원자, 사회단체)로부터 수용되고 타당한 것으로 이해되어야 하며, 이러한 것은 4가지 차원, 즉 정보, 참여 및 통제, 투명성, 피드백에 의하여 영향을 받는다고 주장하고 있다.

첫째 지원자들이 선별에 사용되는 기준이 직무관련성이 높다고 인식할수록 면접과정에 호의적으로 반응하는 경향이 있다. 즉, 지원자들은 조직이 지원자에 대한 기대와 기준이 명확할수록 호의적으로 반응한다.

둘째 지원자가 면접과정에 있어서 자신의 의견을 발표할 기회가 많거나 과정설계에 참여(예를 들면, 설문이나 의견발표기회를 통하

〈표 9-8〉 지원자에 의한 면접에 대한 평가 설문지

면접에 대한 평가 설문지

지속적인 선발과정의 개선에 대한 노력의 일환으로 우리 회사에 있어서 면접에 대한 당신의 인상에 대해 피드백을 받고자 합니다. 설문지는 무기명으로 작성되며 채용의 사결정과는 아무런 관계가 없습니다. 채용과정에 관련된 어느 누구도 당신의 응답을 볼 수 없습니다.

1. 면접은 나의 직무수행능력을 정확히 평가하고 있는가?
   □ 아주 동의 □ 동의 □ 그저 그렇다 □ 동의 안 함 □ 아주 동의 안 함
   ※ 당신의 응답을 이해하는 데 도움이 되는 정보가 있으면 기술하십시오.

2. 조직은 나의 시간을 잘 활용함으로써 나를 존중하고 있다는 느낌을 받았다.
   □ 아주 동의 □ 동의 □ 그저 그렇다 □ 동의 안 함 □ 아주 동의 안 함

3. 이 조직에서 일하는 것에 대한 긍정적 측면을 잘 이해하고 있다.
   □ 아주 동의 □ 동의 □ 그저 그렇다 □ 동의 안 함 □ 아주 동의 안 함

4. 조직에서 일하는 것이 어떤 것인지에 대한 균형적 관점(긍정적 측면과 도전적 측면)을 갖게 되었다.
   □ 아주 동의 □ 동의 □ 그저 그렇다 □ 동의 안 함 □ 아주 동의 안 함
   ※ 당신의 관점을 이해하는 데 도움이 되는 기타 정보가 있으면 기술하십시오.

설문지를 작성해 주셔서 감사합니다. 준비된 봉투에 설문지를 넣어 반납해 주십시오.

여)할수록 호의적 반응을 나타낸다. 이는 지원자 입장에서 보면 참여 및 통제와 관련이 있으며 자발적 의사결정과 행동을 유도할수록 호의적 반응이 나오는 것은 당연한 일이다.

마지막으로 지원자가 결과에 관계없이 자신의 잠재력, 성장 가능성이나 또는 장단점에 대해서 지원적인 피드백을 받을 경우 면접과정이 공정하다고 느낄 수 있다. 지원자의 반응을 조사할 수 있는 간단한 설문지 양식이 <표 9-8>에 제시되어 있다.

2. 비 용

면접에 필요한 비용으로는 면접자 인건비, 면접질문 개발비, 면접자 훈련비, 지원 인력 경비, 소모품비 등으로 구성되어 있다. 비용에 대한 주요 지표 중 하나는 신규 종업원 일인당 비용(즉, 면접비용/채용자 수)이다. 면접비용의 계산은 추후 면접예산을 책정하는데 기초자료로 활용될 수 있다.

3. 인적자원 결과에 대한 영향

면접은 궁극적으로 직무만족, 성과, 사퇴 등과 같은 인적자원 결과에 영향을 미친다. 지원자 유형별(예를 들어, 성, 직장 경험 유무, 학력 등)로 인적자원 결과들을 측정하는 것이 필요하다. 지원자 유형별로 인적자원 결과를 비교하여 추후 면접을 계획할 때 참고자료로 활용할 수 있다.

4. 평등고용

조직은 면접이 소수집단에 대해서 부정적 영향(adverse impact)을 미치는지에 대해 신중히 검토하여야 한다. 예를 들어, 면접자들이 여성, 장애인, 고향 등에 대해서 편향을 가져 조직 내에 편파적인 인력 구성을 초래할 가능성이 있다. 만약 조직의 면접이 소수집단에 부정적 영향을 끼친다면 조직은 부정적 영향을 제거하기 위한 조치를 취해야만 한다.

참고문헌

황규대 저. (2007). 「전략적 인적자원관리」. 박영사.

Camp, R., Vielhaber, M. E., and Simoneth, J. S. (2001). *Strategic Interview: How to Hire Good People*. University of Michigan Business School Management Series, Jossy-Bass, San Francisco.

Patterson, N. and Durivage, A. (2008). *The Structured Interview: Enhancing Staff Selection*. Presses de l'Universite du Quebec. Quebec, Canada.

Ryan, A. M., McFarland, L., Baron, H., & Page, R. (1999). An international look at selection practices: Nation and culture as explanations for variability in practice. *Personnel Psychology*, 52, pp.359-391.

Schuler, H., Farr, J. I., and Smith, M. (Eds.). (1993). *Personnel Selection and Assessment: Individual and Organizational Perspectives*. Hillside, N.J.:Lawrence Erlbaum Associates.

찾아보기

〈저자 소개〉
서울대학교 경영학 학사
University of Washington -Seattle(M.B.A.)
University of Wisconsin -Madison(Ph.D.: 인사/조직 전공)
성균관대학교 경영학부 교수
한국경영학회, 한국인사/조직학회 및 한국노사관계학회 상임이사(역임)
노사정위원회 공익위원(역임)
행정고시 및 공인노무사 출제 및 면접위원(역임)

〈저서〉
전략적 인적자원관리, 박영사, 2007
인적자원관리 프론티어(공저), 박영사, 2007
디지털시대의 경영학, 박영사, 2001
조직행동의 이해(공저), 박영사, 2001
경영통계학(공저), 태성출판사, 1995

고용면접의 구조와 과정

초판인쇄 2010. 4. 15
초판발행 2010. 4. 20

저 자 황규대
발행인 황인욱
발행처 도서출판 오래
서울특별시용산구한강로2가 156-13
전화: 02-797-8786, 8787; 070-4109-9966
Fax: 02- 797-9911
신고 제302-2010-000029호. (2010. 3. 17)

ISBN 978-89-964231-0-2

http://www.orebook.com
email ore@orebook.com

정가 12,000원

편집은 이종운이 하였고, 표지디자인은 피엔피디자인이 하였습니다.